PUBLIC SECTOR
ACCOUNTING
FOR PUBLIC
MANAGEMENT

公会計と
公共マネジメント

馬場英朗
BABA Hideaki

大川裕介 著
OKAWA Yusuke

横田慎一
YOKOTA Shinichi

中央経済社

はじめに

　2014年4月に「今後の新地方公会計の推進に関する研究会報告書」が公表されて，現在ではほとんどの地方自治体で統一的な基準にもとづく財務書類が作成されるようになったが，公会計情報の活用についてはいまだ緒に就いたところである。

　ちょうど統一的な基準の導入が進められていた2016年10月に，本書の前身である『入門 公会計のしくみ』を林伸一氏，石崎一登氏，大川裕介氏，金志煥氏，岡田健司氏，有馬浩二氏，中川美雪氏，大貫一氏，横田慎一氏，道幸尚志氏，守谷義広氏，馬場英朗による分担執筆で刊行させて頂いた。これらの執筆者は公会計分野での実務経験が豊富な公認会計士であり，日本公認会計士協会近畿会の公会計委員会での活動や，関西大学会計専門職大学院の柴健次先生にお声がけを頂いて筆者が部会長を務めている，政府会計学会（JAGA）西日本部会が開催する研究会などを通じてご縁を頂いたものである。

　『入門 公会計のしくみ』は，実務現場あるいは大学等で初めて公会計に触れる方々などを対象として，公会計の基本的な知識や枠組みを理解することを目的としたテキストであり，統一的な基準が導入された当初の時期における入門書として，一定の役割を果たすことができたのではないかと考えている。しかしながら，その後も地方自治体における公会計情報の活用に関する進展や，監査基準および内部統制制度の導入などがあり，『入門 公会計のしくみ』の内容を大きく見直す必要が生じていた。

　その一方で，当時の分担執筆者であった大川裕介氏と横田慎一氏が関西大学商学研究科の博士課程後期課程に進学し，一緒に研究活動に取り組む機会に恵まれることができた。そこで，中央経済社学術書編集部の長田烈氏にもご相談したところ，『入門 公会計のしくみ』の内容を考慮しながらも，馬場・大川・横田の共同研究で得られた知見を踏まえて，新たに3名で書き下ろしたほうが，より最新の研究と実践に即した内容になるのではないかというご提案を頂き，本書を刊行する運びとなった次第である。なお，大川裕介氏は2021年5月より，ノースアジア大学経済学部の講師に着任されている。

　本書は，第1章から第4章までおよび第7章については大川裕介氏が，第8章から第11章までについては横田慎一氏が，第5章および第6章と第12章および第13章については馬場英朗が原案を作成し，3名が全体を相互に確認するという執筆体制になっている。本書では，2013年より関西大学商学部にて公会計論の授業を担当してきた経験を生かして，必ずしも高度な会計知識をもたなくても公会計について理解しやすい記述を心がけるとともに，会計制度や会計理論からの視点だけではなく，財政制度や公共サービス改革，公共施設等マネジメント，行政評価あるいは公監査なども含めて，公会計が現実の公共マネジメントとどのように関わっているかという点に関して，多面的な視点から考察することに取り組んでいる。

　本書のなかでも触れているように，公共サービスに対するニーズが多様化するとともに，少子高齢化などにともなって財政の硬直化が懸念される状況において，公共マネジメントの意思決定に公会計情報を活用する必要性が増している。それに対して，公会計分野には公認会計士や税理士などの会計専門家も広く関わるようになってきたが，公的部門の法令等や実務に精通している人材は限られており，また行政職員が公会計情報の活用方法に関する理解を深めることも求められるようになっていると考えられる。

　本書は先に名前を挙げさせて頂いた方々をはじめとして，多くの人たちのご指導やご協力によって完成させることができたものであり，ここに記して感謝の気持ちを申し述べたい。本書を通じて公会計に関心をもってもらい，少しでも実践現場に貢献することができれば，著者としては望外の喜びである。

2021年9月

著者代表　馬場　英朗

Contents

—————————————————————————— 43

第4章 公会計改革の動向

—————————————————————————— 53

第5章 貸借対照表の意義

—————————————————————————— 65

第6章 行政コスト計算書等の意義

第1章　国の財政制度

　国の財政は，市場メカニズムに委ねると社会的に望ましい量が供給されない公共サービスを担うために，国民から負託された税金を適切に配分することを主な責務としている。そのため，国の歳入および歳出は予算という形で，国会による議決を受けて法的な位置づけを与えられている。そして，国の財政制度は公共事業，教育，社会保障など，国会において定められた行政の目的に従って予算が適切に執行されていることを明らかにするために，決算よりも予算が重視されている。

　1990年代のバブル崩壊や2008年のリーマンショック以降，社会保障費や国債費の増大によって財政の硬直化が懸念されてきたが，2020年に発生した新型コロナウイルスへの対策にともなって歳出額および国債発行額は大幅に増加しており，今後も一層厳しい財政運営となることが予想されている。

1 ┃ 日本の財政状況

　わが国の財政は長期にわたって停滞する経済を刺激するための景気対策や，少子高齢化による社会保障費の増大にともない，財源の大きな部分が国債を含めた公債という借金によってまかなわれている。国の一般的な行政サービスに充てられる一般会計予算（歳出総額）は，**図表1-1**に示すように2000年代半ばまでは80〜90兆円であったものが，リーマンショックを経た2009年度以降は90〜100兆円へと増加しているのに対して，税収は1990年代以降40〜60兆円程度で推移している。

　さらに，2020年度には新型コロナウイルスへの対策のために歳出額が175兆

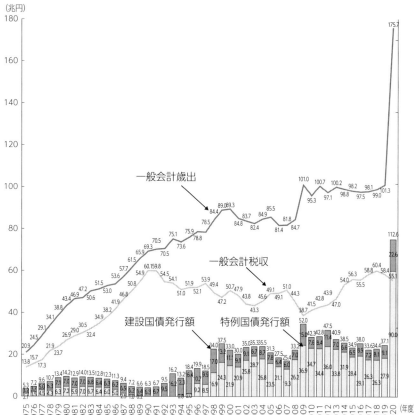

図表1-1　一般会計歳出総額，税収および国債発行額の推移

（注1）2019年度までは決算，2020年度は第3次補正後予算による。

（注2）公債発行額は，1990年度は湾岸地域における平和回復活動を支援する財源を調達するための臨時特別公債，1994～1996年度は消費税率3％から5％への引上げに先行して行った減税による租税収入の減少を補うための減税特例公債，2011年度は東日本大震災からの復興のために実施する施策の財源を調達するための復興債，2012年度および2013年度は基礎年金国庫負担2分の1を実現する財源を調達するための年金特例公債を除いている。

（注3）2019年度および2020年度は臨時・特別の措置に係る計数を含んだものである。

出所：財務省の各種資料より作成

円に膨らんでいるが，このような歳出の急増は国債発行によってまかなわれて

図表 1-2　普通国債残高の推移

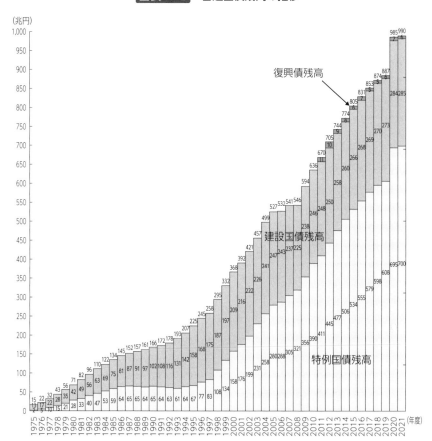

（注1）各年度の 3 月末現在額。ただし，2020年度は第 3 次補正後予算，2021年度は当初予算にもとづく見込み。

（注2）普通国債残高は建設公債残高，特例公債残高および復興債残高を含む。特例公債残高は国鉄長期債務，国有林野累積債務等の一般会計承継による借換債，臨時特別公債，減税特例公債及び年金特例公債を含む。

（注3）2021年度末の翌年度借換のための前倒債限度額を除いた見込額は970兆円。

出所：財務省の各種資料より作成

　いる。そのため，歳出超過が積み重なって**図表 1-2**に示すように国債残高が増加の一途をたどっており，2021年度末には当初予算ベースで990兆円となる

見込みである。これは，わが国のGDPの177％に相当する金額である。

　国の財政には**一般会計予算**だけではなく，特定の事業に充てるための**特別会計予算**も存在する。特別会計は年金や労働保険，国債整理基金，財政投融資，エネルギー対策など13種類あるが，2021年度の一般会計当初予算における歳出予算総額は106.6兆円であったのに対して，特別会計の歳出予算総額は493.7兆円にのぼる。ただし，一般会計と特別会計との間で行われる会計間の資金移動があるため，それらを控除した後における歳出予算純計は296.1兆円となる。

　この歳出予算純計を政策分野別に整理したものが**図表1-3**である。それによると国債の償還や利払いに充てられる国債費が99.5兆円，年金・医療・生活保護などに充てられる社会保障関連費が96.9兆円と大きな割合を占めており，それ以外には地方交付税交付金等が19.8兆円，財政投融資が45.6兆円となっている。

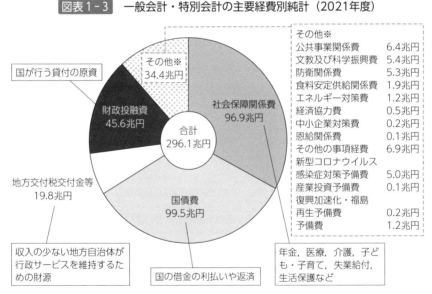

図表1-3　一般会計・特別会計の主要経費別純計（2021年度）

（注）2021年度当初予算ベース。
出所：財務省（2021b, p.54）より作成

2 ｜ 財政の機能

　国の経済を構成する経済主体としては，一般的に家計・企業・政府の3つが挙げられる。家計は企業に対して労働を提供し，報酬として賃金を受け取る。また，家計は企業から財やサービスを購入し，その代金を支払う。そして，政府は家計と企業から税金を徴収することにより，公共サービスや社会資本ともよばれるインフラ（インフラストラクチャー）を整備する。財政とは，これらの活動のうち政府による経済活動にともなう収支のことを表している。

　資本主義経済では，経済活動は市場メカニズムにもとづいて多様な主体が参画することで営まれているが，そこには不完全競争や外部性あるいは不確実性によって生じる市場の失敗が存在する。また，非競合性（多人数が同時にサービスを利用することができる）および非排除性（料金を支払わない利用者を排除できない）という特徴をもつ公共財は，市場メカニズムでは適切に供給が行われない。このような市場の失敗を補完・充足・調整することが財政の大きな役割であり，それを果たすために財政には資源配分調整機能・所得再分配機能・経済安定化機能という3つの機能が備えられている。

　資源配分調整機能とは，市場では供給することが困難な財やサービス，あるいは政府が関与したほうが望ましい財やサービスを供給することである。典型的なものとしては防衛・警察・外交など，サービス受益者から対価を徴収することが著しく困難なサービスが挙げられる。そして，鉄道や上下水道のように多額の初期投資が必要となるサービスや，医療・教育・社会保障といった市場メカニズムでは十分に供給されないサービスについても政府の関与が必要になる場合がある。さらに，公害のように市場メカニズムを通さずに他者に何らかの影響（外部不経済）を与えてしまう場合にも，政府が課税したり補助金を交付したりすることによって調整を行う必要がある。

　また，所得再分配機能とは，過度な所得格差が発生すると社会が不安定となり，治安の悪化や勤労意欲の減退といった様々な問題が発生するため，政府が介入してそれを是正することである。仮に市場メカニズムを通じて公正な資源配分が行われたとしても，それによって経済的資源の著しい偏在が引き起こさ

れる可能性がある。そこで，政府が所得税に累進税率を適用する，資産税や相続税を課す，あるいは社会保障給付や生活保護費を支給するといった対策を講ずることにより，高所得者から低所得者へと所得を再配分している。

　最後に，**経済安定化機能**とは，資本主義経済は常に安定しているわけではなく，経済活動が過熱するとインフレーションが起き，停滞すると失業が生じるなどの問題があるため，経済が安定するように財政による調整を行うことである。法人税や所得税は，景気が良いときには課税額が増加して需要を抑え，景気が悪いときには課税額が減少して需要を喚起することにより，ある程度は景気の調整を自動的に行っている。さらに，景気が悪いときには減税や財政支出を増やして景気を刺激し，景気が良いときには増税や歳出削減を行って需要を抑制するように，政府がより積極的な財政行動をとる場合もある。

3 ｜ 予算の原則

　すべての経済主体は活動を営む際に，一定期間における収支を事前に計画するための**予算**を立てるのが通常である。ただし，政府における予算は一般的な意味とは異なり，予算そのものが法律と同等の効力をもって規制されているという特徴がある。予算とは，国民の意思にもとづく政府の活動を具体化するために国会の議決によって成立するものであり，統制機能・管理機能・計画機能という3つの機能を備えているといわれる。

　統制機能とは，予算を通じて主権者である国民の代表としての立法府が，執行機関としての行政府を統制する役割を果たしているということである。国民の代表である議会が承認した予算に則して，行政機関は事務や業務を遂行するように求められることから，予算制度は公的部門におけるガバナンスの土台となっている。したがって，予算による統制機能は，民主政治における最も根本的な部分を体現していることから，予算には法令等にもとづく強力な拘束力が付与されているのである。

　また，**管理機能**とは，適切な予算執行を行うことによって，効果的かつ効率的な政策遂行を担保するということである。予算において計画されている施策

や事業について，最少の費用で最大の効果が発揮されるように実施されている
ならば，国民の期待にかなう行政運営が行われたということになる。そのため
には個々の施策や事業に関して，**費用対効果**などのデータやエビデンスを明瞭
に判断できる形で示すことが重要になる。

　最後に，**計画機能**とは，予算が計画的な行政執行を行うための手段になって
いるということである。公的部門の予算は，原則として1年間の収支計画として
示される。ただし，複数年にわたる大型の公共工事や公務員の定員管理，年
金等の社会保障制度などを適切に運営するためには，数年から数十年というス
パンでの中長期計画が必要となるが，予算に関しては単年度の積み重ねによっ
て構成される。したがって，政権担当者が策定した中長期にわたる政策推進の
方向性が，単年度における計画へと落とし込まれたものが予算となる。

　そして，予算を適切に機能させるために，以下のような原則が法令によって
定められている。

①　予算の完全性の原則（財政法第14条）

　歳入と歳出は，すべて漏らさず予算に計上されるということであり，**総計予
算主義の原則**ともいわれる。

②　予算の単一性の原則（財政法第13条・第29条）

　すべての歳入を一括した会計区分に計上し，これを適切な歳出に充てるため
に，あらゆる収支を1つの会計区分で処理することである。なお，この原則に
もとづいて，特定の歳入を特定の歳出に拘束することを禁止するのが**ノン・ア
フェクタシオンの原則**であり，その例外措置として特別会計と補正予算が定め
られている。

③　明瞭性の原則（財政法第23条）

　歳入や歳出を計上する部局や費目は，収入の源泉や支出の目的，責任の所在
などを国民が理解できるように明確に表示するということである。

④ **事前性の原則（憲法83条）**

　予算は，会計年度が開始する前に編成し，議会の承認を得る必要があるということである。ただし，予算が会計年度の開始前に成立しない場合には，空白期間をつなぐために暫定予算が組まれることがある。

⑤ **厳密性の原則**

　予算編成にあたり，歳入と歳出の見積もりはできるだけ正確に行うということである。したがって，過大あるいは過少の見積もりを行うことは望ましくないが，実際の財政運営においては資金不足に陥るのを避けるために，歳入は小さめに，歳出は大きめに見積もる慎重主義がとられることが多くある。

⑥ **限定性の原則**

　見積もられた費目（質的限定），見積もられた金額（量的限定），定められた会計年度（時間的限定）にもとづいて予算を執行するということである。したがって，年度間あるいは支出目的間で予算を融通することは原則として認められない。また，時間的限定から一会計年度において支出すべき経費の財源は，その年度における収入によって調達するという会計年度独立の原則（財政法第12条）が導かれる。

⑦ **公開性の原則（財政法第46条）**

　予算の内容は，議会だけでなく国民にも公開されることをいう。民主主義において，予算は国民の意思を具体化するものであるため，国民がその内容を知ることは不可欠と考えられている。

---

4 予算の仕組み

　国における収入のことを歳入，支出のことを歳出という。財政法の第2条第1項において「収入とは，国の各般の需要を充たすための支払の財源となるべき現金の収納をいい，支出とは，国の各般の需要を充たすための現金の支払を

いう」と規定されている。また，同条第 4 項では「歳入とは，一会計年度にお
ける一切の収入をいい，歳出とは，一会計年度における一切の支出をいう」と
されている。したがって，国における会計は，現金の収入および支出にもとづ
いて記録を行う現金主義会計による単式簿記が基本となっている。

　公的部門におけるこのような単式簿記・現金主義会計は，官庁会計ともよば
れている。国の会計は，法的強制力を有する予算にもとづくため，たとえば歳
出予算額を超える支出が行われると違法となる。そのため，予算執行の事実は
客観的に確認できるようにしておく必要があるとともに，主観的な見積もりが
介入しないように，現金収支の事実にもとづき会計記録を行う現金主義会計が，
国際的にみても広く用いられてきたという歴史がある。

　そして，公的部門では予算執行を一定の期間内に行うために，会計年度独立
の原則が定められている。財政法の第11条によれば，国の会計年度は毎年 4 月
1 日から翌年 3 月31日までとされており，さらに第12条では，各会計年度の経
費については当該年度の歳入によってまかなうことが定められている。した
がって，会計年度内に歳出予算が定める支出が終わらなかった場合でも，翌年
度に繰り越して使用することは原則として認められない。ただし，やむを得な
い理由で会計年度内に支出が行われなかった場合には，例外的に繰越明許費や
事故繰越として翌年度に繰り越すことができ，そのほかにも 2 年以上にわたる
予算をあらかじめ認める継続費や，将来年度における債務負担を予算として定
めておく債務負担行為などの制度が設けられている。

　予算編成の手続については，毎年 8 月末までに各省庁が概算要求書を提出し
て財務省による査定を受ける。そして，財務省が調整を行って原案を作成し，
各省庁との間で復活折衝をしたうえで，財務大臣が予算案を内閣に提出して閣
議決定される。その後，内閣は予算案を前年度の 1 月中に国会に提出し，通常
であれば年度開始前の 3 月末日までに予算が成立することになる。このように
会計年度を通じて，最初に成立した予算のことを当初予算という。

　ただし，予算を当初の予定どおりに執行できず，追加や変更を加える必要性
が生じることがある。そのため，当初予算に追加や変更を加える場合には，内
閣は補正予算を国会に提出することができる。また，予算編成が遅れたり，予
算審議が長引いたりして，年度開始前までに予算が成立しない場合には，本予

算が成立するまでのつなぎとして**暫定予算**が組まれることもある。

予算が成立した後は、財政法の第31条第1項により、歳入歳出予算や継続費、債務負担行為にもとづいて各省庁が予算執行を行うこととなる。ただし、現金主義会計を採用する官庁会計では、会計年度末までに出納が完了しない支出がどうしても生じる。そこで、会計法の第1条第1項には**出納整理期限**が定められており、「予算決算及び会計令」の第3条にもとづいて、会計年度末から翌会計年度の4月30日までの間に収入や支出が行われた当該会計年度の債権債務については、当該会計年度に帰属する収入や支出とみなす**修正現金主義**が採用されている。そのため、発生主義会計を基礎とする企業会計において計上される未払金は、国の会計には存在しないことになるが、歳入については出納整理期限までに完了しない場合もあることから、未収入金に相当する**収納未済歳入額**が計上されることになる。

なお、国の会計は単一予算主義の原則にもとづき、**一般会計**による単一の予算として経理することが望ましいとされている。しかし、国の行政活動は広範囲におよぶため、単一の会計ではかえって特定の事業に関する状況が不明確になる恐れがある。そこで、財政法の第13条では特定の事業を行うために、一般会計とは別の会計区分として、特定の歳入が特定の歳出に充てられる**特別会計**の定めを設けている。

ただし、特別会計を設置できるのは同条第2項により、国が特定の事業を行う場合、特定の資金を保有して運用を行う場合、一般の歳入・歳出と区分して経理する必要がある場合、という3つの事由に限られている。また、特別会計の設置や管理、経理などは、各々の特別会計に関連する法律によって個別に規定されており、財政の効率化・透明化の観点から特別会計の必要性に関して不断の見直しが行われている。そのため、2006年度には31種類あった特別会計が、2020年度には13種類にまで減少している。

5 国の決算

国の決算は、各省庁の長から送付された歳入・歳出の決算報告書等にもとづ

いて財務大臣が歳入歳出決算を作成し，**会計検査院**による検査を受けた後に，内閣が翌年度に開催される通常国会に検査報告とともに提出する。ただし，経営成績を把握するための決算が重視される企業とは異なり，公的部門では予算による事前統制が重要になる。そのため，歳入歳出決算は予算額に対する実績額を対応表示する形式になっており，国会の議決により定められた予算がどのように執行されたかを確認できるようになっている。

　このように国の会計制度は現金主義会計を基礎としているが，よりわかりやすく国民に財政状況を説明すべきという要請に応えるために，2003年度決算からは発生主義会計の考え方を導入した「**国の財務書類**」が歳入歳出決算とは別に作成されている。国の財務書類は貸借対照表，業務費用計算書，資産・負債差額増減計算書，区分別収支計算書という財務書類4表によって構成されているが，このうち業務費用計算書と資産・負債差額増減計算書を合わせたものが企業会計における損益計算書に相当し，区分資金収支計算書がキャッシュ・フロー計算書に相当すると考えられる。ただし，これらの財務書類は歳入歳出決算の情報を組み替えて作成されているため，国の会計に複式簿記を導入して誘導的に作成されているわけではない。なお，国の財務書類は法令等により作成が強制されるものではないが，**特別会計財務書類**については「特別会計に関する法律」の第19条によって国会への提出が義務づけられている。

　国の財政は年々悪化して国債残高が積み上がっているが，これ以上の債務増加を防ぐためには予算の機能にもとづく事前統制だけでは不十分であり，歳入・歳出から借入による収入と国債に関する元利払いを除いた**プライマリーバランス**（基礎的財政収支）を均衡させるべきともいわれている。プライマリーバランスがゼロであれば，1年間の支出が収入の範囲でおおむねまかなわれており，国債残高が増加しないということになる。しかし，**図表 1 - 4** に示すようにわが国のプライマリーバランスは一貫してマイナスになっている。

　2010年以降では，プライマリーバランスは政府による積極的な経済対策や2014年4月に行われた消費税率の引上げによって改善傾向をみせていたが，2020年の新型コロナウイルスの流行にともなって諸外国と同様に激しい悪化に見舞われている。GDP比でみても，**図表 1 - 5** に示すように中央政府・地方政府・社会保障基金をあわせたわが国の債務残高はG7各国のなかでも最悪の水

準で推移しており，2020年度末にはGDPの約2.7倍にのぼる債務を負うことになると見込まれている。

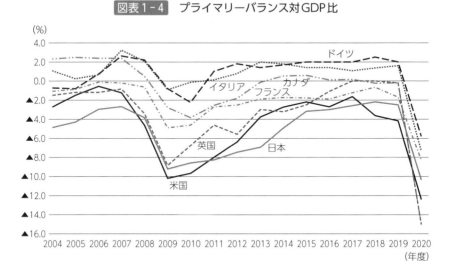

図表1-4　プライマリーバランス対GDP比

出所：財務省（2021b, p.14）より作成

図表1-5　国の債務残高の対GDP比

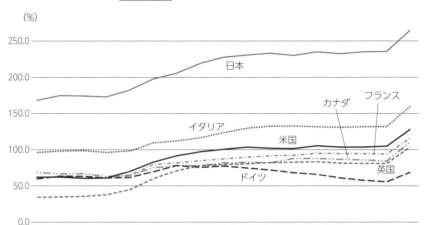

出所：財務省（2021b, p.15）より作成

Column　国と地方の役割

　地方自治法では，国の役割は国際社会における国家としての存立にかかわる事務や，全国的に統一して定めることが望ましい国民の諸活動あるいは基本的な事務，全国的な規模もしくは全国的な視点に立って行わなければならない施策や事業などであるとしており，住民に身近な行政はできる限り地方公共団体に委ね，地方公共団体の自主性や自立性が十分に発揮されるようにしなければならないと規定している。そのため，国の歳出をみると社会保障が大きな割合を占めており，そのほかには防衛や公共事業，文教および科学振興が国により担われている。さらに，国は地方公共団体間の税源の不均衡を是正し，全国で一定の行政水準を維持できるように地方交付税交付金等を配分している。

　それに対して，地方公共団体のなかには広域事務や市町村に関する連絡調整を担う都道府県と，より住民に身近な公共サービスを供給する市町村や特別区が含まれており，それらに加えて事務の一部を共同処理するために設置される一部事務組合や広域連合などがある。そして，市のなかでも一定の基準を満たす政令指定都市には，都道府県がもつ事務権限の多くが委譲されており，また政令指定都市には及ばないが，都道府県から福祉などの権限が一部委譲されている中核市も定められている。

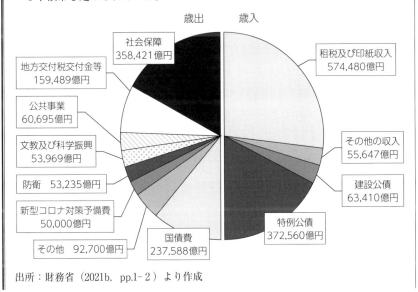

出所：財務省（2021b，pp.1-2）より作成

〈参考文献〉

財務省（2020a）「令和 2 年度 一般会計第 2 次補正後予算 歳出・歳入の構成」。

財務省（2020b）「令和元年度 一般会計決算概要」。

財務省（2021a）「令和 3 年度 予算のポイント」。

財務省（2021b）「日本の財政関係資料（令和 3 年 4 月）」。

財務省（2021c）「令和 3 年度 財政法第46条に基づく国民への財政報告」。

橋本徹・山本栄一・林宜嗣・中井英雄・高林喜久生（2002）『基本財政学（第 4 版）』有斐閣。

林宜嗣・林亮輔・林勇貴（2019）『基礎コース 財政学（第 4 版）』新世社。

廣光俊昭編著（2020）『図説 日本の財政 令和 2 年度版』財経詳報社。

本庄資・岩元浩一・関口博久（2018）『現代地方財政論（6 訂版）』大蔵財務協会。

第2章　地方自治体の会計

　地方自治体の会計は予算制度を基礎としており，収支計算にもとづく現金主義会計が採用されている。多くの地方自治体では地方税収などの自主財源だけでは支出をまかなうことができず，国から地方交付税や国庫補助負担金などを受けているため，国の意向がその行政運営に強く影響を与えている。それに対して，地方分権を推進するための税源移譲が「経済財政運営と構造改革に関する基本方針（骨太の方針）2004」における三位一体改革などによって行われてきた。

　わが国の財政制度上，地方自治体は企業のように倒産して債務不履行になることはないと考えられるが，2006年に夕張市が財政破綻したことから地方財政健全化法が施行されたことにより，財政健全化判断比率にもとづいて財政状況の悪化を早期に捕捉する仕組みが整えられている。したがって，一定の基準に抵触した地方自治体については財政再生団体として，国の関与のもとで財政の立て直しを図ることになる。これまでに地方財政健全化法により財政再生団体となったのは夕張市のみであるが，2020年以降のコロナ禍によって地方財政の急激な悪化が懸念されている。

1 ｜ 予算制度と決算制度

　地方自治体の会計は，毎会計年度の支出予定額を予算として編成するとともに，会計年度の開始前に議会による承認を受ける必要がある。したがって，地方自治体の活動は民主主義にもとづく事前統制のもとに置かれており，このような考え方を**予算主義**という。それに対して，一会計年度における実績としての利益が重視される企業会計の考え方は**決算主義**ということができる。

　収入および支出を予算によって統制することは，地方自治法の第9章第2節

に定められている。まず，第210条には「一会計年度における一切の収入及び
支出は，すべてこれを歳入歳出予算に編入しなければならない」と規定されて
おり，さらに第208条には会計年度独立の原則が，第209条には地方自治体の会
計が一般会計および特別会計からなることが定められている。このような地方
自治体における予算の仕組みは，前章において解説した国の予算制度と同様に
なっている。

　地方自治体における一般会計および主な特別会計を例示すると**図表2−1**の
ようになる。本章ではこのうち一般会計と公営企業以外の特別会計を対象とし
ており，**公営企業会計**については次章で解説する。なお，統計上の区分として
一般会計と一部の特別会計（公営事業会計に含まれるものを除く）を合算した
ものを**普通会計**とよぶが，この普通会計については全国共通の基準によって**地
方財政状況調査**（いわゆる**決算統計**）が作成されている。

図表2−1　地方自治体の会計区分

会計上の区分			主な会計	主な内容	統計上の区分
一　般　会　計				福祉，医療，産業振興，社会資本整備，公営住宅，教育，文化，消防（市町村），警察（都道府県）	普通会計
特別会計	公営企業以外の特別会計		財産区特別会計 国民健康保険事業特別会計 介護保険事業特別会計 後期高齢者医療事業特別会計	財産区の資産の管理 国民健康保険事業の運営 介護保険事業の運営 後期高齢者医療事業の運営	公営事業会計
	公営企業会計	公営企業法適用会計	上水道事業特別会計 病院事業特別会計	上水道の管理運営 公立病院の管理運営	
		公営企業法非適用会計	下水道事業特別会計 港湾事業特別会計	下水道の管理運営 港湾施設の整備・管理・運営	

出所：筆者作成

　予算のうち歳入予算は収入額の見積もりであるが，予算以上に収入があった
としても問題にならない。それに対して，歳出予算は議会による民主的統制に
もとづく支出可能額の上限を示しており，予算を超える支出は許されない。そ
のため，予算策定にあたっては，歳入は小さめに，歳出は大きめに見積もる慎
重主義がとられることが多い。

　そして，予算は款・項・目・節という予算科目によりピラミッド状に区分されている。たとえば，民生費といった「款」に属する**目的別経費**が，社会福祉費や児童福祉費といった「項」に区分され，項はさらに社会福祉総務費や社会福祉施設費といった「目」に区分される。そして，目はその使途によって給料・需用費・役務費・委託料・工事請負費・負担金，補助及び交付金・償還金，利子及び割引料などの「節」に細分される。なお，款・項・目は地方自治法施行規則の第15条別記とは異なる区分を用いることも認められるが，節は同別記に定められた27の区分を用いるように法定されている。

　地方自治体における**決算書**の標準的な様式を例示すると**図表2-2**のようになるが，予算における款・項・目・節に従って収入および支出が行われた結果として，その区分ごとに予算額とそれに対応した決算額（収入済額・支出済額）が示されている。決算書では歳入および歳出のいずれも左段において，予算額（当初＋補正）に前年度からの繰越額を加えた予算現額が示される。そして，歳入の右段には収入されるべき額である調定額が示され，調定額と収入済額の差として不納欠損額および収入未済額が算定される。

　ここで**調定**とは，「所属年度，歳入科目，納入すべき金額，納入義務者等を誤っていないかどうかその他法令又は契約に違反する事実がないかどうかを調査」（地方自治法施行令第154条）して行う手続であり，これによって債権額が確定する。また，収入未済額は，調定を行ったが**出納閉鎖**（5月31日）までに収入されなかった額であり，原則として次年度の調定額に計上されるが（繰越調定），時効の成立など収入不能と認められる場合は不納欠損額に計上されて債権が消滅する。そのため，収入未済額とは企業会計でいうところの未収入金に，また不能欠損額は貸倒損失に対応する。

　それに対して，歳出の右段には予算と支出済額の差として，翌年度繰越額および不用額が示される。翌年度繰越額とは当該年度に執行できずに翌年度へと繰越される予算額であり，その繰越額を除いても支出されなかった部分が不用額となる。なお，歳入と歳出の関係性について，税収や地方交付税のように財源が特定されず使途が拘束されないものは**一般財源**とよばれ，国庫補助金や地方債のように特定の事業の財源として使途が拘束されているものは**特定財源**とよばれる。

図表 2-2　決算書の標準的な様式

【歳入】
(単位：千円)

款項目	当初予算額	補正予算額	繰越事業財源	予算現額	区分	金額	調定額	収入済額(決算額)	不納欠損額	収入未済額
国庫支出金 国庫補助金										
総務費 国庫補助金	100,000	20,000		120,000	節：企画費補助金	30,000	29,000	29,000	0	0
					節：防災費補助金	90,000	88,000	88,000	0	0
民生費 国庫補助金	200,000	30,000	40,000	270,000	節：社会福祉費補助金	150,000	150,000	150,000	0	0
					節：児童福祉費補助金	120,000	115,000	115,000	0	0

【歳出】
(単位：千円)

款項目	当初予算額	補正予算額	前年度繰越額	予算現額	区分	金額	支出済額(決算額)	翌年度繰越額	不用額
民生費 社会福祉費									
社会福祉 総務費	200,000	40,000		240,000	節：需用費	40,000	39,000	0	1,000
					節：委託料	50,000	48,000	0	2,000
					節：負担金，補助及び交付金	150,000	120,000	20,000	10,000
社会福祉 施設費	300,000	30,000	40,000	370,000	節：需用費	50,000	45,000	0	5,000
					節：委託料	70,000	67,000	0	3,000
					節：負担金，補助及び交付金	250,000	175,000	65,000	10,000

出所：筆者作成

　このように予算と実績に対比して収支計算を表示する方法はカメラル簿記とよばれる。カメラル簿記は18世紀前半のドイツにおける官房学の確立以降，19世紀半ばにかけて体系化されていったものであり，明治時代にドイツを参考として行政制度を整備していく際にわが国にも導入されたといわれる。

　このとき，決算額である収入済額から支出済額を差し引いたものが形式収支となり，形式収支から翌年度に繰り越すべき財源（繰越事業に係る収入済財源）を控除したものが実質収支となる。そして，実質収支は当会計年度が黒字あるいは赤字であるかを表しており，地方自治体の財政運営の良否を判断する重要な指標とされている。

　現金収支を基礎として記録する計算構造から，地方自治体は現金主義会計を採用しているといわれる。そのため，地方自治体の会計では発生主義会計とは異なり，費用に相当するものだけではなく，固定資産の購入や負債の返済にともなう支出もすべて歳出として計上されており，同様に地方税の収入等だけではなく，固定資産の売却や負債の増加にともなう収入もすべて歳入として計上されている。したがって，各年度のフローに関する収支と，ストックの変動を

もたらす収支を区別することなく全体の収支差額が算出されている。

　ただし，会計年度独立の原則のもとにおいても，すべての歳入および歳出が必ずしも会計年度末までに完了するとは限らない。たとえば，建設工事や物品購入が3月末までに完了しても，支払いが翌会計年度になることもあり得る。このとき，企業会計であれば未払金を計上するが，地方自治体では3月31日までに確定した債務（支出負担行為額）および債権（調定額）については，翌会計年度の5月末までに支出・収入を行うことにより，当会計年度の歳出・歳入に含めるという**出納整理期間**が設けられている。

　現金収支にもとづく地方自治体の会計において，出納整理期間は不可欠な仕組みとなっているが，その一方で夕張市がこの制度を用いて不適切な会計処理を行うなど，現実の運用には課題も認められている。

2 ｜ 地方交付税

　地方自治体の財源は，地方税などの**自主財源**によってすべてがまかなわれるわけではなく，国から配分される**地方交付税**や**国庫支出金**などの**依存財源**に依拠せざるを得ない状況であり，4割自治あるいは3割自治ともいわれる状態になっている。

　依存財源のうち大きな割合を占める地方交付税は，総務省によれば「本来地方の税収入とすべきであるが，団体間の財源の不均衡を調整し，すべての地方団体が一定の水準を維持しうるよう財源を保障する見地から，国税として国が代わって徴収し，一定の合理的な基準によって再配分する，いわば『国が地方に代わって徴収する地方税』（固有財源）という性格」を有している。したがって，地方交付税には地方自治体の行政活動が停滞しないように国が**財源保障**を行うとともに，地方自治体間の財政力に著しい不公平を生じないように**財源調整**をするという2つの機能がある。地方交付税の9割超を占める普通交付税について，基本的な仕組みを示すと**図表2-3**のようになる。

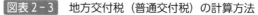

図表 2-3　地方交付税（普通交付税）の計算方法

各地方自治体の普通交付税額＝(基準財政需要額−基準財政収入額)＝財源不足額
基準財政需要額＝単位費用×測定単位 (国勢調査人口等)×補正係数 (寒冷補正等)
基準財政収入額＝標準的な税収入見込額×基準税率 (75％)

出所：筆者作成

　普通交付税の交付額は，基準財政需要額から基準財政収入額を差し引いて算定される。**基準財政需要額**は基礎的な行政サービスを供給するために，各地方自治体において必要とされる財政需要額を合理的に見積もったものであり，様々な項目について単位費用を定め，それに人口や道路延長などの測定単位を乗じて諸々の補正を行ったうえで算定される。

　それに対して，**基準財政収入額**は標準的に見込まれる税収（一部の税目を除く）の75％に地方譲与税等を加えたものとして算定される。ここで除外される25％は留保財源といわれ，基準財政需要額で捕捉されない財政需要をまかない，各地方自治体の自主的な行財政運営に用いることができる財源とされている。なお，この標準税収入額と普通交付税を合計したものが**標準財政規模**といわれており，後述する各種の財政指標の分母として用いられている。

　国が地方に配分する地方交付税の財源には，2020年度では所得税・法人税の33.1％，酒税の50％，消費税の19.5％，地方法人税の全額が充てられている。国はこれらの法定財源を一般会計から「交付税及び譲与税配付金特別会計」（交付税特会）に繰り出し，交付税特会から各地方自治体への交付が行われる。ただし，交付税特会の法定財源は恒常的に不足しており，1975年度から2000年度までは交付税特会で借入れ（国債発行）をすることにより対応してきたが，2001年度以降は不足額の半分を国が臨時財政対策加算として繰り出すとともに，残りの半分は各地方自治体が**臨時財政対策債**という赤字特例債を発行すること

により補っている。

3 地　方　債

　地方交付税制度と並んで地方自治体の財政に大きな影響を与えるものとして地方債制度がある。地方債は財政上必要とする資金を外部から調達するための債務であり，その履行が一会計年度を超えて行われるものをいうが，証券発行によるものだけでなく証書借入も含まれる。そして，現金主義会計のもとで地方自治体の歳入および歳出には，地方債の発行による収入あるいは返済のための支出が含まれている。

　地方財政法の第5条には「地方公共団体の歳出は，地方債以外の歳入をもって，その財源としなければならない」と規定されており，出資金，貸付金，災害復旧事業，公共施設等の建設事業費などの財源に充てる場合を除いて，原則として地方債を発行することが認められていない。これは，資産形成に係る支出のためならば地方債を発行できるという，いわゆる建設公債主義といわれるルールを表しており，わが国だけでなく諸外国においても，財政規律を維持するための黄金律（ゴールデン・ルール）として重要視されている。

　地方債を発行する際には地方財政法の第5条の3にもとづき，原則として総務大臣または都道府県知事との協議が必要になるが，2018年度からは公的資金（財政融資資金，地方公共団体金融機構資金）からの借入れを除いて，図表2-4に該当しない場合には届出で足りることとされている。また，協議に同意が得られない場合であっても，民間等資金（市場公募資金，銀行等引受資金）からの調達は可能である。

　なお，地方自治体が一会計年度を超えて資金を借り入れる行為はすべて地方債の発行になる。したがって，公的資金や民間等資金，国の各省庁や都道府県からの借入れなど，貸し手が誰であろうとも地方債の発行規制が適用されることになる。ただし，年度途中の資金繰りのために，一時借入金を受け入れることは地方債の発行に該当せず，地方自治法の第235条の3にもとづいて，各々の地方自治体の予算に定める範囲内で自由に行うことができる。

図表 2-4 地方債の発行規制

財政指標等	発行の制限
・実質公債費比率18%以上 ・一定以上の実質赤字 ・普通地方税の税率が標準税率未満	届出（協議）ではなく，許可が必要となる
・実質公債費比率25%以上	起債制限団体となり，単独事業の起債が認められなくなる（ただし，公債費負担適正化計画およびその実施状況をみて，起債制限をしないこととされている）
・財政再生団体 　（実質公債費比率35%以上など）	財政再生計画の実施状況にもとづいて発行制限を受ける

出所：総務省ウェブサイトを参考に作成

4 地方財政計画

　地方自治体の財政は，地方交付税制度や地方債制度などを通じて国の会計と密接に結びついている。さらに，総務省は地方交付税法の第7条にもとづき，全国の地方自治体における歳入歳出総額の見込額に関する**地方財政計画**を毎年公表しているが，この計画にもとづいて地方交付税等の財源保障がなされることから地方財政は国による関与を強く受ける。

　総務省によれば，地方財政計画は「人口や産業の集積の度合いによる地域間格差や景気の動向による税収の年度間格差にかかわらず，地方公共団体がその重要な責任を果たすことが出来るよう地方財政計画を通じて，地方の財源を保障し，地方交付税や地方債などにより各地方公共団体に財源保障」することを目的としている。そのため，基準財政需要額によって算定された地方自治体の総財政需要について，地方税および地方交付税の法定率分や，各事業に紐づく国庫補助金や地方債によってまかなう範囲を見定め，そのうえで不足する額に対してはいわゆる**財源対策**を講じて地方自治体の財源を保障している。

　2021年度における地方財政計画の概要を示すと**図表2-5**のようになる。地方税や地方譲与税等，地方交付税の法定率分などが地方自治体固有の財源として示されているが，財源不足額の10.1兆円に関しては政策的な観点による各種

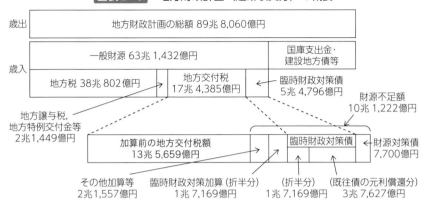

図表2-5　地方財政計画（通常収支分）の概要

歳出　地方財政計画の総額 89兆 8,060億円

歳入　一般財源 63兆 1,432億円　　国庫支出金・建設地方債等

地方税 38兆 802億円　地方交付税 17兆 4,385億円　←臨時財政対策債 5兆 4,796億円

財源不足額 10兆 1,222億円

地方譲与税, 地方特例交付金等 2兆1,449億円

加算前の地方交付税額 13兆 5,659億円　臨時財政対策債　←財源対策債 7,700億円

その他加算等 2兆1,557億円　臨時財政対策加算（折半分） 1兆 7,169億円　（折半分） 1兆 7,169億円　（既往債の元利償還分） 3兆 7,627億円

出所：総務省（2021）より作成

交付税の加算，臨時財政対策による加算（折半分），さらには臨時財政対策債の発行などによる財源対策が行われることになる。

5　地方自治体の財務指標

　上述したように，地方自治体では共通した基準にもとづく決算統計を作成しており，**決算カード**および**財政状況資料集**として総務省のウェブサイト上に公開をしている。このような決算統計を利用して，財政力指数や経常収支比率，プライマリーバランス（基礎的財政収支）をみることにより，地方自治体の財政状況を把握することができる。

　財政力指数とは，基準財政収入額を基準財政需要額で除した割合の3カ年平均値であり，地方自治体の税収基盤の強さを表している。また，財政力指数が1を下回れば，不足資金を補うために国から地方交付税が交付され，財政力指数が1以上であれば，原則として地方交付税の不交付団体となる。ただし，財政力指数はあくまでも見積もりにもとづく指標であるため，財政力指数が高い団体の財政状況が必ずしも良好であるとは限らず，財政運営の巧拙によっては

苦しい財政状況に陥る場合もある。なお，2019年度において普通交付税を受けていないのは東京都に加えて市町村では75団体のみである。

　また，**経常収支比率**とは，経常的支出に充当された一般財源を経常的収入で除したものである。分子となる経常的支出には人件費，**扶助費**，**公債費**など法令等により支出が義務づけられ，簡単に削減することが難しい**義務的経費**のほか，経常的な物件費や維持補修費，補助費なども含まれる。そして，分母となる経常的収入には地方税，地方譲与税，地方交付税のほか，経常的な使用料および手数料なども含まれる。したがって，経常収支比率は財政運営の弾力性や厳しさを表す指標として，経常的収入が経常的支出にどの程度充当されているかを示している。経常収支比率が高いということは，経常的支出以外の支出に充てられる財源が限られているということであり，一般的に市町村では75%，都道府県では80%を上回ると財政構造が硬直化しているといわれてきた。ただし，2018年度において経常収支比率が75%を下回っているのは全国1,741市町村のうち40団体のみであり，支出に占める義務的経費の負担が増大する状況下でこの指標が上昇している傾向がみられる。

　最後に，**プライマリーバランス**（**基礎的財政収支**）とは，歳入から地方債発行による収入を差し引いた金額と，歳出から地方債の元利償還額を差し引いた金額とのバランスである。プライマリーバランスがゼロとなりバランスしていれば，行政サービスを提供するための支出が，地方税や地方交付税などの返済不要な収入によってまかなわれており，地方債残高はおおむね増えないこととなる。それに対して，プライマリーバランスがマイナスであれば収支不足が生じて地方債が増大し，プラスであれば収支余剰が生じて地方債が減少していることになる。したがって，プライマリーバランスは財政運営の持続可能性を測る指標として重視されている。

6 ｜ 財政健全化判断比率

　2009年に全面施行された「地方公共団体の財政の健全化に関する法律」（地方財政健全化法）が導入される以前は，実質収支の赤字額が標準財政規模の一

定割合（都道府県5％，市町村20％）を超える場合に財政再建団体に該当するとされていた。しかし，2006年に夕張市の赤字隠しによる財政破綻が発覚し，実質収支のみに依拠した健全性評価の課題が明らかとなった。そこで，議員立法により制定された地方財政健全化法では以下に示す4つの**財政健全化判断比率**が定められ，地方自治体の財政状況を多角的に評価することにより，自主的な改善努力を促す早期健全化基準と，国の管理のもとで財政再建に取り組む財政再生基準が設けられた。

そして，地方自治体は毎年度，財政健全化判断比率を**監査委員**の審査に付したうえで議会に報告し，一般に公表することが法定されている。さらに，4つの財務指標のうちいずれかが**早期健全化基準**あるいは**財政再生基準**に該当する場合には，財政健全化計画や財政再生計画を策定することが求められ，早期健全化団体または財政再生団体に指定されることになる。

①　実質赤字比率

その地方公共団体の**標準財政規模**に対する一般会計等（普通会計）における実質収支赤字額の割合であり，従来の実質収支と同等のものである。

早期健全化基準：市町村 11.25〜15％，道府県 3.75％

財政再生基準：市町村 20％，道府県 5％

②　連結実質赤字比率

その地方公共団体の標準財政規模に対する公営企業会計等を含む地方公共団体の会計全体に生じている赤字額の割合であり，従来の実質収支に公営事業の実質収支等を加味したものに相当する。

早期健全化基準：市町村 16.25〜20％，道府県 8.75％

財政再生基準：市町村 30％，道府県 15％

③　実質公債費比率

その地方公共団体の標準財政規模に対する地方債の元利償還額（公債費に相当するが，基準財政需要額に算入される元利償還額は分母・分子の双方から除く）の割合の3カ年平均をとったものであり，2006年度より起債制限の判断基

準としても用いられている。なお，減債基金の積立不足がある場合は，それが分子に反映される算定式となっている。

　　早期健全化基準：市町村および道府県ともに25%

　　財政再生基準：市町村および道府県ともに35%

④　将来負担比率

　その地方公共団体の標準財政規模に対する地方債などの負債の割合（基準財政需要額に算入される元利償還額は分子・分母の双方から除く）であり，公営企業あるいは第三セクターの負債のうち当該団体が負担する可能性があるものは分子となる負債に含まれるが，臨時財政対策債など元利償還額が基準財政需要額に算入される地方債は除外される。

　　早期健全化基準：市町村 350%，道府県 400%

　　財政再生基準：なし

7 ｜ 財政健全化の取組み

　地方財政健全化法が施行されて以降，地方自治体の財政状況の悪化に対してより早期に対応が行われ，地方全体としての財政状況は改善してきた。実質公債費比率は**図表2−6**のとおり，都道府県ではいったん上昇したものの全体としては低下傾向にある。また，将来の財政需要に備えて余裕のある時に積み立てられる財政調整基金の残高も**図表2−7**のとおり増加傾向にあった。

　都道府県と市町村を合わせた全体としての地方税収は，2011年を底として回復傾向にあったが，市町村ではそれに先立って財政状況が改善していたことが認められる。ただし，2016年度以降は市町村においても財政調整基金が頭打ちとなっており，2020年度以降は新型コロナウイルス対策のために財政調整基金を大きく取り崩し，枯渇する団体も現れることが予想されている。

　さらに，フローにおける財政運営の厳しさを表す経常収支比率をみると，**図表2−8**のとおりおおむね90%を超えており，特に近年では市町村において上昇傾向にある。そのため，財源の大部分が義務的な経常的支出によって食いつ

ぶされてしまい，将来への投資などに充てることができる余剰資金を蓄積することが難しくなっている状況がある。

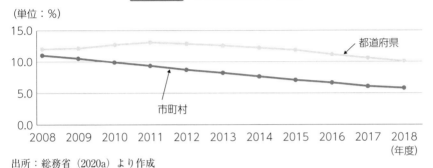

図表2-6　実質公債費比率の推移

出所：総務省（2020a）より作成

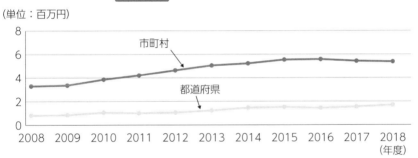

図表2-7　財政調整基金残高の推移

出所：総務省（2020a）より作成

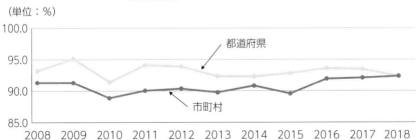

図表2-8　経常収支比率の推移

出所：総務省（2020a）より作成

Column 地方自治体の財政危機

　アメリカでは2013年にデトロイト市が破産し，債務不履行（デフォルト）となった。しかし，わが国では地方自治体が地方債を発行する際には国による管理を受けるため，その見返りとして地方債には暗黙的に政府保証が付与されており，地方自治体は債務不履行にならないといわれている。

　2006年に夕張市が財政破綻したが，このときも債務不履行が生じることはなく，夕張市は現在も財政再生団体として国による実質的な管理のもとで，市職員の給与カットや人員削減，病院や学校などの行政サービスの削減，水道料金の値上げなどによって再建に取り組んでいる。夕張市は炭坑経営の悪化にともない第三セクター等による観光事業に過剰投資を行った結果，一時借入金を会計期間中に特別会計に貸し付け，出納整理期間中に特別会計から償還させることにより実質収支の赤字隠しを行っていた。そのため，その後に施行された地方財政健全化法では特別会計等も対象とする連結実質赤字比率を適用するとともに，地方債等の償還や残高にともなう債務負担を考慮する実質公債費比率および将来負担比率も導入されている。

　大阪府も，2007年度までは減債基金の実質的な取崩しや借換債の増発を行って危機的な状況に陥っていたが，その後は歳出削減を進めて減債基金残高の回復と財政調整基金の積み増しを進めており，地方財政健全化法が施行されて以来，全体として地方自治体の財政状況は改善に向かっていたと考えられる。

　しかし，2013年と2018年には千葉県銚子市，2014年には千葉県富津市，2016年には奈良県御所市，2019年には新潟県，2020年2月には大分県杵築市が財政非常事態宣言や緊急財政対策などを発令しており，少なくない地方自治体が財政危機を訴えている。これらの事例の多くでは，財政調整基金などを取り崩して収支をバランスさせていたが，いよいよ基金が枯渇する懸念が生じて抜本的な対策に乗り出すという状況が認められる。さらには新型コロナウイルス対策による支出増大により，地方財政の急激な悪化が懸念されている。

〈参考文献〉

大川裕介（2020）「地方自治体の財務報告におけるキャッシュ・フロー情報の重要性」『公共
　　経営とアカウンタビリティ』1 (1)，pp. 24-36。
菅原宏太（2013）「地方財政健全化法の施行と地方公共団体の健全化行動—関西の市町村デー
　　タによる考察」『会計検査研究』47, pp.39-54。
総務省（2020a）「地方財政の状況 令和 2 年 3 月」。
総務省（2020b）「令和 2 年度 普通交付税の算定結果等」。
総務省（2021）「令和 3 年度 地方財政計画の概要」。

第3章　公営企業等の会計

地方自治体は一般的な行政サービスを提供するだけでなく，その組織内に地方公営企業を設置し，水の供給や医療の提供，下水の処理など，地域住民の生活や地域の発展に不可欠なサービスを供給している。ただし，地方公営企業といっても独立した法人等が設立されているわけではなく，水道局や交通局などとして地方自治体の一部局となっており，一般会計とは区分された特別会計を設けることにより独立採算が求められる，社内カンパニーのような形態がとられている。

さらに，地方自治体が公益法人や第三セクターなどに出捐や出資を行い，独立した法人を経由して公共サービスを提供することも広く行われている。また，従来は国や地方自治体の一部門であった組織や特殊法人などを，独立行政法人といった形態に移行させて業務の品質や効率を向上させようという取組みも進められている。

1 地方公営企業

地方自治体は，一般会計等において税金などを原資とする一般行政事務を担うとともに，住民福祉の増進を目的とする事業を実施するために**地方公営企業**を設置している。地方公営企業が営む事業は，**図表3-1**に示すように下水道や水道，病院など，サービスの提供に際して対価を受け取ることが前提となっている。

また，地方公営企業は地方自治体から独立した組織ではなく，地方自治体の内部に一般会計とは区分した**特別会計**を設置して運営されており，独立採算制が原則とされている。地方自治体の一部であるため，地方公営企業にも基本的

には地方自治法や地方財政法，地方公務員法を適用することが求められるが，一般行政事務を前提としたこれらの法律を全面的に適用すると，地方公営企業の効率的・機動的な事業運営に支障が生じる可能性もある。そこで，地方公営企業の運営を円滑にし，公営企業としての目的を達成するために，地方自治法などに対する特別法として地方公営企業法が定められている。

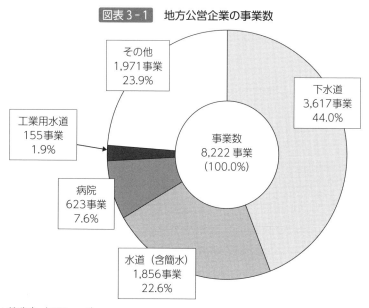

図表 3 - 1 地方公営企業の事業数

出所：総務省（2020a, p.4）

　しかし，すべての地方公営企業に対して，地方公営企業法が一律に適用されるわけではない。**図表 3 - 2** に示すように，水道・工業用水道・軌道・自動車運送・鉄道・電気・ガス・病院の 8 事業は，地方公営企業法の規定（病院事業は財務規定等のみ）が法律上当然に適用される**当然適用事業**であるが，それ以外は地方自治体が自主的に定める条例に従って適用される**任意適用事業**となっている。

　そして，地方公営企業には企業会計に近い複式簿記・発生主義会計による公営企業会計が適用されるが，地方公営企業法の財務規定が適用されない**法非適**

用事業に関しては，一般会計等と同様に予算・決算制度にもとづく単式簿記・現金主義会計が適用されている。ただし，総務省は公営企業の経営基盤強化や財政マネジメント向上のために，地方自治体に対して法非適用事業にも公営企業会計を任意適用するように促しており，特に下水道事業および簡易水道事業については2023年度までの適用が要請されている。

図表3-2　地方公営企業法の適用関係

	地方公営企業法の規定を適用する事業		
法適用事業	当然適用事業	全部適用事業	水道事業（簡易水道事業を除く） 工業用水道事業 軌道事業 自動車運送事業 鉄道事業 電気事業 ガス事業
		財務規定等適用事業	病院事業
	任意適用事業	全部適用事業	簡易水道 下水道事業　等
		財務規定等適用事業	
法非適用事業	地方公営企業法の規定を適用しない事業		

出所：筆者作成

2 ｜ 一般会計等と公営企業会計

　地方公営企業法の第3条に定められるように，地方公営企業が企業としての経済性を発揮し，本来の目的とする公共の福祉を増進するように運営されるために，同法第三章には地方自治法の特例となる財務規定等が設けられており，民間企業に適用される会計基準に近い形で経理を行い，決算に係る書類を作成する制度が採用されている。

　現在の地方公営企業会計基準は，企業会計基準の見直しや地方独立行政法人会計制度の導入，地方公会計改革および地方主権改革，公営企業の抜本改革を

　背景として大幅な見直しが行われ，2014年度の予算・決算からはより民間企業に近いものとなっている。なお，地方自治体における一般会計等と公営企業会計を比較すると以下のような相違点がある。

　第一として，一般会計等では公金の適正な管理が強く要請されていることから，現金の収支という客観的な事実にもとづく経理を行う必要があるため，単式簿記による現金主義会計が採用されている。それに対して，地方公営企業会計では企業としての経営成績および財政状況を適切に表示することが求められるため，複式簿記による発生主義会計が採用されている。

　第二として，一般会計等では予算制度にもとづいて，すべての収入および支出は一括して計算されている。それに対して，公営企業会計では投下された資本とその運用成果を明確に区別するために，資本取引・損益取引区分の原則が設けられている。そのため，地方公営企業では施設整備のための支出，あるいは国からの補助金や一般会計等からの繰入金，企業債などの財源に係る資本的収支と，当年度の収益または費用として処理すべき収益的収支は予算上も区分がなされている。

　第三として，現金主義会計にもとづく一般会計等では，現金の出納を整理するために，4月1日から5月31日までの出納整理期間が設けられており，決算の調製は出納の閉鎖後3カ月以内に行うこととされている。それに対して，地方公営企業は発生主義会計にもとづくため，現金の未収・未払を整理する出納整理期間は不要であり，5月31日までに地方自治体の長に決算を提出することとされている。

　第四として，予算は首長が作成して議会による議決を経て成立することから，一般会計等および地方公営企業のいずれにおいても，予算に定められた額を超える支出は認められない。ただし，地方公営企業は機動的に経済情勢の変化等へと対応するために，業務量の増加にともない収益が増加する場合には，当該業務に直接必要な経費に限り予算を超過した支出が認められるほか，引当金繰入や減価償却費など現金支出をともなわない経費は予算を超えて執行できるなど，予算の弾力化が図られている。

3 企業会計と公営企業会計

　地方公営企業は採算性が低かったり，多額の初期投資が必要なために民間企業が参入しにくかったりする事業についても，公共性の観点から実施することが求められている。たとえば，公共の消防のために消火栓を設置する場合や，へき地での医療あるいは民間病院では実施が難しい高度先進的な医療を行う場合などである。

　そのため，地方公営企業は事業活動からの収入による独立採算制を原則としながらも，一般会計等により負担すべきとされた経費について，一般会計繰入金による収益として受け入れることが認められている。そして，公営企業会計には企業会計に近い処理方法が取り入れられているが，以下のような相違点を生じている。

　第一として，地方公営企業では，一般会計等からの繰入金（**一般会計繰入金**）が存在するという特性を踏まえた会計処理が採用されている。たとえば，企業債の償還に要する資金について，一般会計等が負担することを定めている場合には，その内容および金額を注記することが求められるほか，退職金について一般会計等が負担することを定めている場合には，退職給付引当金を計上しないなどの取扱いがなされている。

　第二として，民主的統制としての予算制度が存在している。民間企業の予算は，経営者が企業内部における経営管理のために設定するものであるが，地方公営企業では一般会計等と比較すると一定の弾力化が図られているものの，議会による承認を前提とするために支出の権限が拘束されている。そのため，決算においても財務諸表に加えて，予算と決算を対比する決算報告書を作成する必要があるなど，予算と決算の双方が重視されているといえる。

　第三として，会社法や税法の適用関係に相違が認められる。民間企業に対しては，会社法や法人税法が適用されるため，企業会計における損益計算と法人税法にもとづく課税所得計算との間に相当の調整を行う必要がある。しかし，地方公営企業は地方自治体の組織内に設置されており，法人税等は課税されないためにこのような制約はない。

　第四として，補助金等によって取得した固定資産に関連した特殊な会計処理がある。民間企業では**国庫補助金**などによって取得した資産について，課税を繰り延べるために補助金相当額を取得価額から減額する**圧縮記帳**が認められているが，公営企業会計では圧縮記帳は認められていない。その一方で，地方公営企業が補助金等によって償却資産を取得または改良した場合には，当該補助金等の相当額について負債勘定である長期前受金に計上し，減価償却や除却および減損処理を行う際に，それらに見合う金額分を収益化するという特殊な会計処理が行われる。この会計処理を行うと，以下のように国庫補助金を受け取った時点では収益が繰り延べられて，費用化される資産の額に応じて徐々に補助金が収益化される。

	（借　　方）		（貸　　方）	
購入時	固定資産	1,000	長期前受金	1,000
減価償却時	減価償却費 長期前受金収益化累計額	200 200	減価償却累計額 長期前受金戻入	200 200
除却時	減価償却累計額 固定資産除却損	800 200	固定資産	1,000
	長期前受金	1,000	長期前受金収益化累計額 長期前受金戻入	800 200

4 ｜ 第三セクター

　第三セクターは公的サービスを提供するために，国や地方自治体が単独あるいは民間と共同出資して設立した法人であり，**図表 3 - 3** に示すように社団法人や財団法人，会社法法人（株式会社など）といった様々な法人格がとられている。また，総務省が「第三セクター等の状況に関する調査」を毎年実施し，地方自治体が設立した第三セクター等の出資および経営などの状況を把握しているが，その法人数および業務分野は**図表 3 - 4** のようになっている。

図表3-3　第三セクター等の区分

区　　分		説　　明
第三セクター	社団法人 財団法人	一般社団法人および一般財団法人に関する法律の規定にもとづいて設立される社団法人，財団法人のうち，地方自治体が出資を行っている法人
	会社法法人	会社法の規定にもとづいて設立されている株式会社，合名会社，合資会社，合同会社および特例有限会社のうち，地方自治体が出資を行っている法人
地方三公社	地方住宅供給公社	地方住宅供給公社法の規定にもとづいて都道府県または人口50万人以上の市の出資により設立される法人
	地方道路公社	地方道路公社法の規定にもとづいて都道府県または人口50万人以上の市の出資により設立される法人
	土地開発公社	公有地の拡大の推進に関する法律の規定にもとづいて地方自治体の出資により設立される法人
地方独立行政法人		地方独立行政法人法にもとづいて地方自治体の出資により設立される法人

出所：総務省（2020c）などを参考に作成

図表3-4　第三セクター等の法人数

（単位：団体）

区　　分		都道府県	指定都市	市町村	合　計
第三セクター		1,805	502	4,290	6,597
	社団法人・財団法人	1,261	266	1,623	3,150
	会社法法人	544	236	2,667	3,447
地方三公社		95	19	614	728
	地方住宅供給公社	31	9	0	40
	地方道路公社	30	2	0	32
	土地開発公社	34	8	614	656
合　計		1,900	521	4,904	7,325

出所：総務省（2020c）より作成

　第三セクター等は，地域開発や産業振興，観光，文化など様々な分野で地域住民の暮らしを支える事業を行っている。その一方で，多くの地方自治体では第三セクター等の運営のために補助金の交付，資金の貸付け，損失補償等の財政的援助が行われており，第三セクター等の経営が著しく悪化した場合には地方自治体の財政にも深刻な影響を及ぼす可能性がある。そのため，第三セクター等についても運営状況を適切に示す必要があるが，第三セクター等には様々な形態があるために各々の法人格に応じた会計基準が適用されている。

　社団法人や財団法人は，以前は民法の第34条にもとづく法人制度として位置づけられていたが，これら旧来の公益法人は行政の許可のもとでしか設立することができず，公的補助金や天下りの受け皿になっているという批判があった。そこで，2008年に公益法人制度改革関連3法が施行され，国や地方自治体が出資・出捐する法人を含めて2013年11月末までに新しい一般法人・公益法人制度へと移行した。それに先立ち，2004年および2008年に公益法人会計基準の改正が行われ，それまでの資金収支計算を中心とした体系を見直して，貸借対照表，正味財産増減計算書，キャッシュ・フロー計算書の3表を財務諸表として定めるなど，複式簿記・発生主義会計を前提とした会計制度が導入されている。ただし，正味財産増減計算書は活動計算書に名称を変更することが検討されている。

　また，地方住宅供給公社，地方道路公社，土地開発公社は特別法にもとづいて，地方自治体が全額出資して設立されるために地方三公社といわれる。住宅供給公社は公的集合住宅の供給，地方道路公社は有料道路の新設や維持管理，土地開発公社は公共事業用地の先行取得を行っている。これら地方三公社には各々独自の会計基準が定められており，たとえば地方道路公社では減価償却を行わないなど，企業会計とは大きく異なっている部分もある。

　そして，会社法法人（株式会社，合名会社，合資会社，合同会社など）は国や地方自治体が出資する法人についても，企業会計原則などの企業会計にもとづいた会計実務が行われている。

　なお，国が設立する法人のうち後述する独立行政法人等に該当しないものは特殊法人といわれる。特殊法人は2001年には163法人が存在していたが，その後の民営化や独立行政法人化などによる特殊法人等改革にともない，2020年4

月時点では33法人にまで減少している。特殊法人にはNTTや日本郵政などのように，株式会社として民間企業と同様の会計実務を行う法人もあるが，日本放送協会や日本年金機構などのように個別法のもとで運営される法人は，発生主義会計を導入しながらも各法人の設置根拠となる法令等にもとづく会計処理が行われている。

5 ｜ 独立行政法人

　独立行政法人は，国民生活や社会経済の安定等のために公共上の見地から確実に実施される必要がある事務および事業のうち，国が直接実施する必要はないが，民間に委ねると必ずしも実施されないものや，単一の主体に独占して実施させる必要があるものを効果的かつ効率的に行わせるために，個別法にもとづき独立した法人格を与えて設立される法人である。

　独立行政法人制度は特殊法人等改革の一環として，イギリスのエージェンシー制度を参考にしながら2003年に導入された。なお，独立行政法人の一形態としてその規定を準用しながらも，独自の運用がなされている仕組みとして国立大学法人がある。

　また，地方自治体でも2003年に制定された地方独立行政法人法により，地方独立行政法人制度が導入されている。地方独立行政法人には複数のタイプがあるが，主なものとしては地方自治体が設置する大学および高等専門学校を対象とする公立大学法人と，地方公営企業が営む業務を対象とする地方公営企業型地方独立行政法人がある。

　独立行政法人等の数は**図表3-5**に示すとおりであり，これらの法人の会計は基本的には企業会計原則によるものとされている。ただし，公共的な性質を有するとともに，利益の獲得が目的とされておらず，独立採算制も前提とされていないことから独立行政法人等には各々独自の会計基準が定められている。

図表3-5 独立行政法人等の類型

	独立行政法人	国立大学法人	地方独立行政法人		
			公立大学法人	地方公営企業型	その他
法人数(2020年4月)	87法人	86法人	76法人	61法人	13法人
主たる根拠法	独立行政法人通則法および個別法	国立大学法人法	地方独立行政法人法		
適用される会計基準	独立行政法人会計基準	国立大学法人会計基準	地方独立行政法人会計基準		

出所：総務省（ウェブサイトa, b），文部科学省（ウェブサイト）より作成

　独立行政法人等の会計基準には各々差異があるものの，全体的にはおおむね同様の会計処理が採用されている。作成する財務諸表は貸借対照表，行政コスト計算書，損益計算書，純資産変動計算書，キャッシュ・フロー計算書，利益の処分又は損失の処理に関する書類，附属明細書などで構成されている。

　また，国立大学法人においては，貸借対照表，損益計算書，キャッシュ・フロー計算書，利益の処分又は損失の処理に関する書類，国立大学法人等業務実施コスト計算書，附属明細書などが作成されている。なお，行政コスト計算書や国立大学法人等業務実施コスト計算書には，国や地方自治体による無償あるいは減額された賃借料や支払利息などの機会費用も計上することが求められている。

　さらに，独立行政法人等に特有の会計処理としては，運営費交付金等における損益ニュートラルがある。独立採算制を前提としない独立行政法人等には，国や地方自治体から運営費交付金等が付与されるが，交付金等を受け入れた段階では業務が実施されていないために全額が負債に計上される。そして，業務が進行するにともなって費用が発生するが，それに応じて負債を取り崩して収益に振り替えることにより，通常の業務運営を実施している状況においては損益が均衡するように会計制度が構築されている。

Column　大阪市営地下鉄の民営化

　大阪市営地下鉄は，地方公営企業である大阪市交通局が運営していたが，2018年4月に民営化して大阪市高速電気軌道株式会社（Osaka Metro）に移行した。大阪市の交通事業は，日本初の公営による路面電車を1903年（明治36年）に築港－花園橋間で開業したことに始まり，1927年（昭和2年）にはバス事業を開始したほか，1933年（昭和8年）には日本初の公営地下鉄を梅田－心斎橋間で営業開始した。

　大阪市営地下鉄は過去に赤字を計上して累積欠損金が積み上がっていたが，2003年度以降は黒字化して2010年度には累積欠損金も解消している。しかし，大阪市交通局（2014）によると，2004年度から2013年度の10年間に1,724億円が一般会計から地下鉄事業に繰り入れられており，財政の硬直化が進むなかで従来のスキームを維持するのは難しいことや，将来的に人口減少が進むことを考慮すると，今後の経営環境は厳しくなると予想されていた。

　株式会社化した後も，大阪市がOsaka Metroの株式の100%を保有している。Osaka Metroは引き続き安全対策やサービス改革に取り組むとともに，鉄道事業以外にも店舗展開，賃貸マンション，ホテルなどの関連事業を推進することや，第三セクターである大阪地下街株式会社の株式を取得して地下街との一体的なまちづくりに注力することなどにより，鉄道事業の持続・発展につながる企業ブランドの確立を目指すとしている。

〈参考文献〉

大阪市（2017）「地下鉄事業　株式会社化（民営化）プラン（案）」。

大阪市交通局（2014）「地下鉄民営化の論点整理と民営化後の事業展開について」。

総務省（2020a）「令和元年度　地方公営企業決算の概要」。

総務省（2020b）「公営企業会計適用の取組状況（令和2年4月1日時点）」。

総務省（2020c）「平成30年度　第三セクター等の出資・経営等の状況に関する調査結果」。

総務省（ウェブサイトa）「独立行政法人」https://www.soumu.go.jp/main_sosiki/gyoukan/kanri/satei 2 _01.html（2021/3/30）。

総務省（ウェブサイトb）「地方公共団体の行政改革等」https://www.soumu.go.jp/iken/main.html（2021/3/30）。

日本公認会計士協会（2013）「公会計基準設定スキームの構築に向けて―海外事例の調査とそれを踏まえた提言（公会計委員会研究報告第19号）」。

文部科学省（ウェブサイト）「国立大学法人等」https://www.mext.go.jp/a_menu/koutou/houjin/houjin.htm（2021/3/30）。

第4章　公会計改革の動向

　予算制度を基礎とする国や地方自治体では，現金主義会計にもとづく官庁会計が採用されているが，厳しい財政状況のもとで資産・負債を適時かつ網羅的に把握するために，公会計を導入する必要性がたびたび議論されてきた。そこで，国では2003年度から発生主義会計の考え方を導入した財務書類を作成しているほか，地方自治体でも2006年に新地方公会計制度研究会報告書によって基準モデルと総務省方式改訂モデルが示された。

　さらに，2014年には地方公会計の統一的な基準が公表されて，2016年度決算から固定資産台帳の整備や，複式簿記を前提とした発生主義会計にもとづく財務書類の作成が進められている。ただし，大半の地方自治体において財務書類が作成されるようになったものの，それを公共経営にどう生かすかについては様々な課題が残されている。

1 公会計改革の経緯

　財務省（2020, p.1）によれば，国の財政活動の基本は必要な財源を国民から税金等として徴収し，適正に配分することにある。そのためには，収入および支出の判断を確実かつ健全に行うのが重要になることから，国の会計では現金授受の事実を基礎とする現金主義会計が採用されている。その一方で，国の財政が悪化するなかで財政構造改革を進めるために，資産や負債の状況を国民にわかりやすく説明することが求められるようになり，経済戦略会議が1999年に公表した「日本経済再生への戦略」において，国の会計に財務諸表を導入すべきという提言がなされた。

　この提言を受けて，1998年度決算から2002年度決算までの「国の貸借対照表

（試案）」が作成された。さらに，2003年には財政制度等審議会により「公会計に関する基本的考え方」が取りまとめられ，2004年には「省庁別財務書類の作成基準」が公表された。その結果，2003年度決算からは省庁別財務書類の計数を基礎として，国全体のフローおよびストックに関する情報を開示する「国の財務書類」が作成されている。

　ただし，現在作成されている国の財務書類は，単式簿記・現金主義会計にもとづく官庁会計による歳入歳出決算情報を組み替えて，発生主義会計の処理を加味することによって作成されており，仕訳を基礎とした複式簿記から誘導的に作成されているわけではない。そのため，国の財務書類が公表されるのは決算日である3月末の翌年1月になるなど，情報開示の適時性が十分に確保されているとはいい難い。また，国有財産台帳には金額情報が欠けている場合も多く，過去の決算統計から資産の金額を推計するなど，財務情報の信頼性にも課題が残されている。

　次に，地方自治体における公会計改革であるが，2000年および2001年に総務省（旧自治省）が公表した「地方公共団体の総合的な財政分析に関する調査研究会報告書」において，貸借対照表と行政コスト計算書の作成モデル（旧総務省方式）が提示され，一部の地方自治体において財務書類の作成が着手された。さらに，2006年には総務省の「新地方公会計制度研究会報告書」において，新たな地方公会計のモデルとして基準モデルと総務省方式改訂モデルが示された。そして，2007年には総務省自治財政局長通知「公会計の整備推進について」が発出され，地方自治体に対して財務書類4表（貸借対照表・行政コスト計算書・純資産変動計算書・資金収支計算書）を作成することが要請された。

　このとき提示された基準モデルは，複式簿記による会計記録を整備し，発生主義会計にもとづいて財務書類を作成する方法であったため，固定資産台帳を整備して適切に更新することが前提とされている。それに対して，総務省方式改訂モデルは旧総務省方式を引き継いで，現金主義会計にもとづく決算統計を組み替えて財務書類を作成する方法であり，固定資産台帳はその後で段階的に整備していけばよいとされていた。当時，複式簿記のシステムを整備して財務書類を作成できる体制を整えていた地方自治体は非常に限られており，2012年度決算ではほぼすべて（96.8%）の団体が財務書類4表を作成していたが，そ

のうち82.0%が総務省方式改訂モデルを採用するとともに，46.5%が固定資産
台帳の整備に着手していない状況であった（総務省 2014）。

　それに対して，東京都をはじめとする一部の地方自治体では総務省が要請す
る財務書類の作成に先立ち，独自の形式にもとづく財務諸表を作成する試みが
行われていた。石原慎太郎都知事（当時）による「負の遺産がどれだけあるか
知りたい」という指示により，東京都で2006年に導入された複式簿記・発生主
義会計にもとづく公会計制度（いわゆる東京都方式）は，その後に大阪府，新
潟県，愛知県，町田市，大阪市，吹田市などの17団体でも独自の検討を加えな
がら導入されている。

　地方自治体において複式簿記の導入がなかなか進まない状況下で，総務省は
2014年に「今後の新地方公会計の推進に関する研究会報告書」を公表し，**統一
的な基準**による財務書類の作成モデルを提示した。その後，2015年には「統一
的な基準による地方公会計マニュアル」を公表するとともに，総務大臣通知
「統一的な基準による地方公会計の整備促進について」が発出され，すべての
地方自治体に対して2017年度までに統一的な基準による財務書類を作成するこ
とが要請された。

　その結果として，統一的な基準による財務書類は，固定資産台帳の整備を前
提とする複式簿記を基礎として作成されるところ，総務省（2021）によると
2019年度の財務書類は全1,788団体のうち86.1%にあたる1,539団体が作成済みで
あり，12.0%にあたる214団体がまだ作成中という状況になっていた。また，
固定資産台帳は87.5%にあたる1,565団体が整備・更新済みであり，11.4%にあ
たる204団体は整備中ということであった。

　なお，統一的な基準では基準モデルや総務省方式改訂モデルと同様に，**一般
会計等**に係る財務書類だけでなく**連結財務書類**も作成することが求められてい
る。連結財務書類の対象は**図表4-1**に示すように，一般会計等に加えて地方
公営事業会計，一部事務組合，広域連合，地方独立行政法人，地方三公社，第
三セクター等も含まれる。したがって，基準モデルおよび総務省方式改訂モデ
ルでは一部事務組合や広域連合が連結の対象外とされていたが，統一的な基準
では地方自治体と連携協力しながら行政サービスを提供する関連団体の実態に
ついても，より正確に反映されるようになっている。

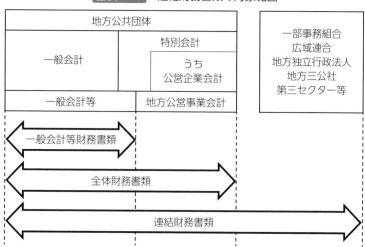

図表 4-1 連結財務書類の対象範囲

出所：総務省（2019, p.168）

2 │ 公会計改革の意義

　イギリスなどの諸外国では1980年代より，公的部門に企業経営および市場競争の考え方を導入して行財政改革に取り組むニュー・パブリック・マネジメント（NPM）を進めてきた。NPMでは，従来の公共経営のように行政機関内部に向けた評価だけではなく，国民や社会一般などの外部に対して説明できるように業績と成果を明らかにするとともに，それを達成するための**費用対効果**を最大化することに重点が置かれている。そのため，NPMを機能させるには「業績による管理」（performance-based management）を行うための財務情報が必要となることから，公会計の重要性が同時に認識されるようになった。

　このような背景のもとで，イギリスでは1990年代より公会計改革が行われて発生主義会計を導入しており，現在では中央政府の会計は**国際財務報告基準**（IFRS）を基礎としながら，公会計に特有な部分には調整を加えて財務諸表が作成されている。さらに，イギリスに加えてオーストラリアやニュージーラン

ドでは，決算だけでなく予算についても発生主義会計を導入している。それに対して，フランスやイタリア，スペインなどでは現金主義会計にもとづく予算制度を維持しながら，決算についてはそれを組み替えることによって発生主義会計にもとづく財務諸表を作成している（Brusca et al. 2015）。

なお，公的部門における国際的な会計基準については，国際会計士連盟（IFAC）が設置している国際公会計基準審議会（IPSASB）が**国際公会計基準**（IPSAS：International Public Sector Accounting Standards）を公表している。企業会計分野におけるIFRSほど，公会計分野においてIPSASが普及しているわけではないが，国際連合がIPSASを採用しているとともに，EU加盟国ではIPSASを基礎とする**EPSAS**（European Public Sector Accounting Standards）を採用する準備を進めており，さらには世界銀行やアジア開発銀行などが開発途上国に対するIPSASの導入支援を行っている。

わが国では国や地方自治体の会計に関して，IPSASとのコンバージェンスはまったく考慮されていない段階であるが，財政が著しく悪化する状況下で資産・債務改革の必要性がたびたび指摘されてきた。特に「経済財政改革の基本方針2007」（p.9）では，地方自治体の資産債務等について公共性を踏まえた公正な評価を行い，地方の自己規律による財政健全化を促進するために，公会計の整備を促進すべきという提言がなされている。

従来の単式簿記・現金主義会計を基礎とする官庁会計では，**図表4-2**に示すように公的部門の活動を議会による民主的な統制下に置いて，予算制度による事前的な統制を図ることが意図されてきた。そのため，公的部門における意思決定は予算承認の段階で完了しており，その後の会計処理は現金の入出金を適切かつ確実に記録することが重要となるため，会計情報は予算の執行状況を確認するという意味しかもたなかった。

それに対して，近年では行政活動による成果に関して合理的な根拠（エビデンス）を用いて説明することが求められるようになっており，業績にもとづく事後的な統制を導入する必要性が増している。そのためには，従来からの現金収支に関する情報だけではなく，公会計を導入することによって**ストック情報**および**コスト情報**を整備することにより，会計情報を公共経営における意思決定に活用できるようにすることが重要になる。

48

図表4-2 官庁会計と企業会計の相違

項　　目	公的部門（官庁会計）	民間企業（企業会計）
作成目的	住民の福祉の増進	利益の追求
報告主体	首長	取締役
報告先	住民（議会に提出）	株主（株主総会に提出）
説明責任	議会の承認（予算）を前提とする事前統制	株主総会の承認（決算）による事後統制
簿記方式	単式簿記	複式簿記
認識基準	現金主義会計	発生主義会計
出納整理期間	あり	なし
決算書類	歳入歳出決算書 歳入歳出決算事項別明細書 実質収支に関する調書 財産に関する調書	貸借対照表 損益計算書 株主資本等変動計算書 キャッシュ・フロー計算書

出所：総務省（2019, p.9）に加筆修正

3 統一的な基準の特徴

　2016年度決算以降，大半の地方自治体では総務省が公表した「統一的な基準による地方公会計マニュアル」にもとづく財務書類を作成しており，東京都方式やそれに類似した独自方式を採用する地方自治体でも，統一的な基準に組み替えた財務書類を併せて公表している。

　したがって，現在ではある程度共通した財務書類を用いて，地方自治体に関する財政指標の算定やその比較などを行うことができるようになっており，今後の財政運営への活用が期待されている。そして，統一的な基準による地方公会計には，以下に説明するように複式簿記による会計処理を取り入れている，固定資産台帳の整備を前提としている，税収等を行政コスト計算書に計上していない，という3つの特徴がある。

　まず，予算制度を基礎とする地方自治体では，企業会計のようにいきなり仕訳データを作成するのではなく，官庁会計にもとづく収入・支出のデータを前

提として，それを複式簿記の仕訳に変換することにより統一的な基準にもとづく財務書類が作成されている。このとき，仕訳に変換されるタイミングとしては官庁会計による収入・支出が行われた際にリアルタイムで行うか，あるいは日次で仕訳への変換を行う日々仕訳方式と，年度末に1年間の収入・支出を一括して複式簿記の仕訳へと変換する期末一括仕訳方式のいずれかを採用することになっている。

　ただし，地方自治体が用いる予算科目と統一的な基準で用いられる勘定科目には差異があるため，期末一括仕訳あるいは日々仕訳のいずれを採用するとしても，多くの団体では複式簿記の仕訳データを作成することに苦労している状況がある。なぜなら，従来の予算科目では固定資産に関する資本的支出と修繕費，あるいは借入金に関する元金償還と利払いなどに関するストックとフローの区分が十分になされないといった理由により，予算科目と勘定科目の対応関係を明確に判別できない部分が生じる。そのため，仕訳変換に多大な労力を要したり，多数の誤りが発生したりする問題が生じており，複式簿記にもとづく仕訳データの精度には地方自治体により違いが生じている。

　次に，従来から地方自治体でも公有財産台帳などを用いて財産管理は行われていたが，公有財産台帳には取得価額等の会計情報が記録されないのが通常であった。また，資産の取得や廃却が大量となることから正確な記録がなされないことがあり，公有資産台帳に多数の誤りが生じていた。そのため，統一的な基準の導入にともない固定資産台帳が整備されて，資産の取得から除売却まで網羅的に管理できるようになったことは，適切な公共資産マネジメントに大きく資すると考えられる。

　ただし，統一的な基準を導入する前に取得した資産については正確な金額情報などが残っておらず，初年度の開始貸借対照表に計上されている固定資産は不正確な見積もり評価となっている部分もある。また，少子高齢化や資産の老朽化が進むなかで，インフラや公共施設等の維持管理および更新の意思決定に固定資産台帳をどのように活用するか，ということは今後の課題となっている。

　最後に，統一的な基準では税収等を収益として行政コスト計算書に計上するのではなく，純資産の増加要因として純資産変動計算書に計上することとされている。公会計の基本的な理論として，税収等を企業会計における収益と同様

に処理する考え方を収益説というのに対して，住民が公的部門に拠出したものとみなす考え方を持分説という。そして，わが国では国の財務書類や地方公会計の統一的な基準において，税収等を収益として認識することは行われていないため，これらの収入を純資産の変動と捉える持分説に近い考え方がとられているといえる。

　ただし，統一的な基準では行政コスト計算書と純資産変動計算書を一体として作成することも認められるため，必ずしも持分説を積極的に支持しているわけではないとも考えられる。それに対して，国際公会計基準（IPSAS）では財務業績計算書（Statement of Financial Performance）において，税収等は収益として計上されることから収益説に立脚しており，また独自方式を採用している東京都の財務諸表についても収益説が採用されている。

4 ｜ 地方公会計の課題

　現在では統一的な基準にもとづき，大半の地方自治体において財務書類が作成されているが，そこから得られる公会計情報を財政運営や行政活動においてどのように活用するかは，まだまだ議論の緒に就いたところである。特に，予算制度による事前統制を前提とする場合には，従来の官庁会計から得られる現金収支の情報があれば十分に管理できるため，手間やコストをかけてまで公会計情報をなぜ整備する必要があるのか，という疑問が議員や行政職員の間にも生じている。

　この点について，総務省の「財務書類等活用の手引き」には行政内部での財務書類等の活用方法として，マクロ的な視点から財務指標を設定することによって公共施設等や未収債権の管理などに活用することや，ミクロ的な視点から事業別・施設別のセグメント分析を実施することによって予算編成や施設の統廃合，受益者負担の適正化，行政評価，人件費コストの適切な按分などに活用することが提示されている。さらには，行政外部での財務書類等の活用方法として，住民や議会等に対して情報開示を行うことにより，アカウンタビリティを果たすために公会計情報をわかりやすく公表することも示されている。

したがって，財務書類等は住民や議会だけでなく，首長や職員，さらには地方債への投資家，あるいはPPPやPFIの提案を行う民間事業者など，行政内外における様々な情報利用者が想定されている。

　ただし，総務省（2021）によると財務書類等の情報をもとに財務指標分析を行っている地方自治体は多いが，施設別・事業別等の行政コスト計算書等を作成している団体は非常に限られており，現時点では総務省が想定しているような公会計情報の活用はあまり進んでいない。さらには，財務書類等の作成自体を外部の会計事務所などに委託している団体もあり，固定資産台帳あるいは財務書類の作成プロセスや，それらの情報内容を十分に理解していないケースも生じているといわれる。

　統一的な基準による財務書類等の作成が開始されて，複式簿記・発生主義会計にもとづく公会計がおおむねすべての地方自治体に導入されたことにより，わが国における公会計改革はひとまずの節目を迎えたといえる。しかし，公会計を導入するそもそもの目的である資産・債務改革や，近年注目されている「証拠にもとづく政策決定」（EBPM：evidence-based policy making）に公会計情報を活用する動きはまだまだ限られており，今後の実務の進展が期待されているところである。

Column　国際公会計基準（IPSAS）

　国際公会計基準審議会（IPSASB：International Public Sector Accounting Standards Board）は国際会計士連盟（IFAC：International Federation of Accountants）の常設機関の1つであり，国際公会計基準（IPSAS）および推奨実務ガイドライン等を作成するために設けられている。

　IPSASBの前身は1986年にIFAC内に設置された公会計委員会（PSC：Public Sector Committee）であり，当初の活動は公的部門における発生主義や現金主義による会計処理について，各国の事例調査を行うことが中心であった。そして，1996年からは公会計基準の設定プロジェクトを開始し，1997年8月までに発行された民間部門における国際会計基準（IAS：International Accounting Standard）を基礎としながら，2002年までに第1号から第20号までの国際公会計基準を公表している。

　その後，PSCは2004年に現在のIPSASBに改組され，国際会計基準審議会

（IASB：International Accounting Standards Board）が公表する**国際財務報告基準**（IFRS：International Financial Reporting Standards）との整合性を考慮しながらIPSASの開発が取り組まれており，2021年3月末現在で第42号までが公表されている。ただし，IPSASの適用は国際的に強制されているわけではなく，IPSASを適用するかどうかはあくまでも各国の任意である。そして，IPSASを適用する場合でもそのまま採用している国もあれば，各々の実情にあわせて修正を加えながら採用する国もある。

〈参考文献〉

東信男（2009）「イギリス中央政府における国際会計基準（IAS/IFRS）の導入―公会計の目的に対応させながら」『会計検査研究』39，pp.135-151。

大塚成男（2020）「地方公会計における財務書類の空洞化」『公共経営とアカウンタビリティ』政府会計学会，1(1)，pp.37-48。

財務省主計局（2020）「『国の財務書類』ガイドブック 令和2年1月」。

総務省（2014）「地方公共団体の平成24年度決算に係る財務書類の作成状況等」。

総務省（2019）「統一的な基準による地方公会計マニュアル（令和元年8月改訂）」。

総務省（2021）「統一的な基準による財務書類の作成状況等に関する調査（令和3年3月31日時点）」。

Brusca, I., Caperchione, E., Cohen, S. and Rossi, F. M., eds. (2015) *Public Sector Accounting and Auditing in Europe: The Challenge of Harmonization*, Palgrave Macmillan.

第5章　貸借対照表の意義

　貸借対照表は，資産と負債の一覧を表した財務書類であり，この点については企業会計と公会計に大きな相違はない。ただし，企業と公的部門では資産と負債がもつ意味合いが異なっており，その結果として貸借対照表から読み取ることができる情報が違ってくる。

　収支計算にもとづく従来からの官庁会計では，財産の状況が網羅的に明らかにされないという短所がある。そこで，公会計にもとづく貸借対照表を作成することによって，公的部門の財政状態をより正確に示すことが可能になる。さらに，収益獲得能力を前提とする企業会計とは異なり，公的部門における貸借対照表には社会資本（インフラストラクチャー）などのストック情報や，世代間負担衡平性を表すという重要な役割がある。

1 ｜ 財務書類の体系

　総務省は2014年に「今後の新地方公会計の推進に関する研究会報告書」を公表し，発生主義会計にもとづく複式簿記による地方公会計の統一的な基準を提示した。そのため，ほぼすべての地方自治体では統一的な基準にもとづく財務書類が作成されている。

　企業会計では，貸借対照表，損益計算書，株主資本等変動計算書，キャッシュ・フロー計算書という4つの財務諸表が作成される。それに対応して地方公会計でも，貸借対照表，行政コスト計算書，純資産変動計算書，資金収支計算書という4つの財務書類が作成される（4表形式）。なお，行政コスト計算書と純資産変動計算書を1つにまとめることも認められるが（3表形式），多くの地方自治体では4表形式が採用されている。統一的な基準にもとづく財務

書類を，企業会計における財務諸表と対比させると**図表5-1**のようになる。

さらに，図表5-1にある財務書類のつながりを，4表形式あるいは3表形式の各々について表したものが**図表5-2**である。このとき，貸借対照表の現預金は，資金収支計算書における本年度末残高と本年度末歳計外現金残高を足したものに対応し，貸借対照表の純資産は純資産変動計算書の本年度末残高に対応する。また，4表形式による場合は，行政コスト計算書の純行政コストが純資産変動計算書にも引き継いで転記されるが，3表形式による場合は行政コスト計算書と純資産変動計算書が一体として作成されることになる。

図表5-1 地方公会計における財務書類

地方公会計	略　称	企業会計	内　容
貸借対照表	BS：Balance Sheet	貸借対照表	基準日時点における財政状態（資産・負債・純資産の残高および内訳）を明らかにする財務書類
行政コスト計算書	PL：Profit and Loss Statement	損益計算書	会計期間中の費用・収益の取引高を明らかにする財務書類
純資産変動計算書	NW：Net Worth Statement	株主資本等変動計算書	会計期間中の純資産（およびその内部構成）の変動を明らかにする財務書類
資金収支計算書	CF：Cash Flow Statement	キャッシュ・フロー計算書	資金収支の状態，すなわち資金利用状況および資金獲得能力を明らかにする財務書類

出所：総務省（2014，2019）より抜粋

従来から公的部門で用いられている**官庁会計**は，現金主義会計にもとづく単式簿記によっていることから，**ストック情報を十分に把握できないため資産や負債を網羅的に一覧することが困難**であった。また，現金支出をともなわない減価償却費や退職手当引当金繰入額などの費用は認識されないため，フルコストによるフロー情報を明らかにすることができないという問題があった。

さらに，統一的な基準にもとづく地方公会計では，**固定資産台帳を整備する**ことが求められているため，公会計と公共施設等の管理を一体的に推進することが期待されている。そして，事業別・施設別のセグメント分析を行うことに

図表 5-2　財務書類の相互関係

〔4 表形式〕

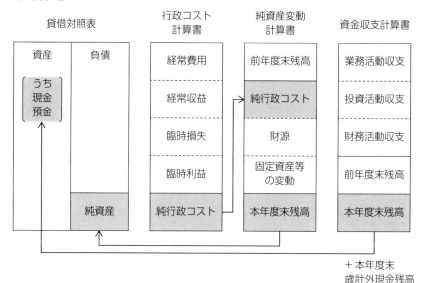

〔3 表形式〕

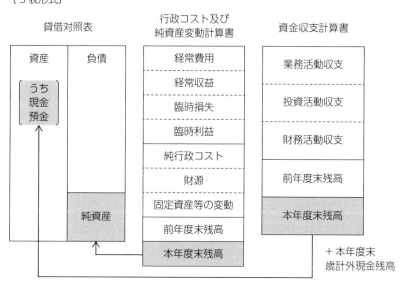

出所：総務省（2019, p.11）

より，事業別・施設別のフルコスト情報を公共経営に活用することも可能になる。その結果として，財政の透明性を高めるとともに，政治的・経済的な意思決定に有用な情報を提供することにより，住民や議会などに対する**アカウンタビリティ**（説明責任）を適切に果たすことができるようになる。

　なお，地方公会計ではフローに関する財務情報に関して，損益取引のみを考慮する**収益・費用アプローチ**ではなく，純資産を変動させるすべての取引を網羅する**資産・負債アプローチ**に近い考え方が採用されている。そのため，資産・負債アプローチを同様に適用する企業会計と共通する部分もあるが，固定資産への減損会計の適用は求められず，**退職手当引当金**を期末要支給額で計算するなど，企業会計における資産・負債アプローチとは違いを生じている。

　このような企業会計と公会計の相違点は，企業会計では分配可能利益を算出するための期間損益計算が重要な目的とされているのに対して，公会計では財務情報のみによって業績を測定することができず，便益と負担のバランスに関する情報提供が目的となっていることから生じる。そのため，収益を獲得するための犠牲として費用が計上される企業会計のような費用収益対応ではなく，いつ（過去・現在・未来）の税収によって当年度のサービスが供給されたかという期間的な対応関係（**期間衡平性**あるいは**世代間負担衡平性**）が公会計では重要になる。

2 ｜ 貸借対照表の構成要素

　貸借対照表は，基準日時点における地方自治体の財政状態を表示する財務書類である。統一的な基準にもとづく地方公会計の貸借対照表の形式を示すと60頁の**図表5-3**のようになる。地方公会計の貸借対照表は，企業会計と同様に資産・負債・純資産によって構成される。ただし，上述したような企業会計との相違点があることから，地方公会計の貸借対照表における内訳項目や記載方法には企業会計とは異なる部分が生じている。

　たとえば，地方公会計の貸借対照表では，資産および負債の勘定科目は**固定性配列法**により，先に固定資産および固定負債を記載し，その後に流動資産お

および流動負債が記載される。これは，地方自治体では固定資産および固定負債が資産あるいは負債のうちに占める割合が高く，インフラ資産や地方債など行政運営において重要なものが含まれているためである。企業会計でも電力会社やガス会社など，固定資産の割合が極めて高い場合には固定性配列法が採用されている。

　なお，貸借対照表の基準日は年度末日であり，地方自治法の第208条によって3月31日と定められている。ただし，地方自治体には翌年度の5月31日をもって出納を閉鎖するという，いわゆる**出納整理期間**が第235条の5に定められているため，この期間中に決済される未収や未払いは，貸借対照表に計上される債権・債務には含まれないという点も企業会計とは異なっている。

①　資　　産

　地方公会計における**資産**は，「過去の事象の結果として，特定の会計主体が支配するものであって，将来の経済的便益が当該会計主体に流入すると期待される資源，または当該会計主体の目的に直接もしくは間接的に資する潜在的なサービス提供能力を伴うもの」である（総務省 2014, p.8)。

　資産は，固定資産と流動資産に分類される。そして，固定資産は有形固定資産・無形固定資産・投資その他の資産に分類して表示される。さらに，有形固定資産は事業用資産・インフラ資産・物品に区分され，そのなかに土地・建物などの個々の勘定科目が設けられている。

　地方自治体では，資産のなかでも特に道路や港湾，水道，公園などのインフラ資産が大きな割合を占めている。インフラ資産は，経済学的には**社会資本**（インフラストラクチャー）ともよばれ，生活や産業のために不可欠であるが，システムまたはネットワークの一部として機能し，特殊な性質を有するために代替的な利用ができず，移動させることも困難であることから，処分に関しても制約を受けるという特徴を有している。

　固定資産は本来であれば，取得原価から減価償却累計額を差し引いた金額を帳簿価額とすべきであるが，従来は固定資産台帳を整備していなかったため，過去の取得価額が不明となっている固定資産も少なくなかった。そのため，統一的な基準を導入する開始段階での簿価について，取得原価が不明なものなど

は原則として**再調達原価**で評価することとし，道路，河川および水路の敷地については備忘価額の１円で評価することとされている（総務省 2019，p.137）。

　なお，企業会計とは異なり，地方公会計では固定資産に対する減損処理は求められていないが，それは企業と公的部門では資産がもつ意味合いが異なることに起因する。すなわち，企業における資産とは，一般的に換金価値あるいは**収益獲得能力**を有するものである。それに対して，公的部門における資産は，それを用いて公共サービスを提供することが目的となるために使用価値が重視される。特に，固定資産は有効かつ安全に使用できることが不可欠であり，もし減損会計を適用するとしても，経済的な価値ではなく，有効に利用されているかどうかによって判断を行う必要があると考えられる。実際に独自方式による公会計を採用している大阪府などは，資産の利用状況にもとづく減損会計を導入している。

　そして，投資その他の資産には，投資及び出資金・長期延滞債権・長期貸付金・基金が含まれている。たとえば，地方自治体が**第三セクター**などに拠出した出資金・出捐金や長期貸付金，長期にわたって延滞されている税金等，あるいは地方債の返済等に備えて積み立てられる**減債基金**などが計上されている。

　さらに，流動資産には，現金預金・未収金・短期貸付金・基金・棚卸資産が含まれる。たとえば，地方自治体では年度によって生じる財源の不均衡を調整するために，財源に余裕がある年度には**財政調整基金**を積み立てて余剰資金が蓄えられている。また，企業会計における貸倒引当金と同様に，徴収不能のおそれがある金銭債権には**徴収不能引当金**が設定されて差し引かれている。

②　負　　債

　地方公会計における**負債**は，「過去の事象から発生した，特定の会計主体の現在の義務であって，これを履行するためには経済的便益を伴う資源が当該会計主体から流出し，または当該会計主体の目的に直接もしくは間接的に資する潜在的なサービス提供能力の低下を招くことが予想されるもの」である（総務省 2014，p.8）。

　負債は，固定負債と流動負債に分類される。固定負債には，地方債・長期未払金・退職手当引当金・損失補償等引当金が含まれる。地方自治体の地方債は

建設公債主義にもとづき，原則として出資金，貸付金，災害復旧事業，公共施設等の建設などの資産形成に係る財源に充てられている。なお，**退職手当引当金**は退職手当のうち，すでに労働提供が行われている部分について期末自己都合要支給額により算定したものを計上するため，将来の支出となる退職給付見込額を計上する企業会計における退職給付引当金とは計算方法が異なる。

　そして，流動負債には，1年内償還予定地方債・未払金・未払費用・前受金・前受収益・賞与等引当金・預り金が含まれる。なお，賞与等引当金には基準日時点までの期間に対応する期末手当，勤勉手当および法定福利費が計上されている。

③　純資産

　地方公会計における**純資産**は，「資産から負債を控除した正味の資産をいい，租税等の拠出及び当該会計主体の活動等によって獲得された余剰（または欠損）の蓄積残高」である（総務省 2014，p.8）。

　企業会計の場合，配当可能利益を明示するために，純資産は株主が拠出した元本である**払込資本**と，そこから生み出された収益からなる留保利益が明確に区分されている。しかし，地方自治体には当然のことながら出資者がいないため，純資産は単なる資産と負債の差額を表しているにすぎない。また，企業会計における純資産は，**債権者保護**に資する返済原資とも考えられるが，現状の財政制度のもとでは，地方自治体の債務を実質的に国が担保しているため，債務不履行が起きる可能性は限りなく低い。さらには，地方自治体の有する資産は換金性あるいは収益獲得能力がないインフラ資産が大きな部分を占めるため，企業会計のように純資産を債務の返済原資と考えることは難しい。

　それに対して，地方公会計における純資産は**世代間負担衡平性**を表すという考え方がある。すなわち，地方自治体の総資産を形成するための財源として，負債の部分は将来世代による納税によって返済が行われるところ，純資産の部分は過去および現在世代によって，すでに負担が終了しているということになる。ただし，理論的には純資産が世代間負担衡平性を表しているとしても，上述したように現時点において地方自治体が作成している貸借対照表では，取得原価が不明な固定資産について正確な評価が行われていない可能性があるため，

その結果としての資産・負債差額である純資産が実質的な意味をもたないことも懸念されている。

　なお，純資産は，それがどのような資産形成等に用いられているかを明らかにするために，その源泉（ないし運用先）との対応によって，固定資産等形成分および余剰分（不足分）に内訳を区分して表示する。このとき，固定資産等形成分は資産形成のために充当した資源の蓄積であり，原則として固定資産などとして金銭以外の形態で保有されている。したがって，地方自治体が調達した資源を充当して資産形成を行った場合，その固定資産の残高（減価償却累計額を控除した後）が固定資産等形成分となる。それに対して，余剰分（不足分）は地方自治体が費消できる資源の蓄積であり，原則として金銭の形態で保有されている。

図表5-3　地方公会計の貸借対照表

科　　目	金　　額	科　　目	金　　額
【資産の部】		【負債の部】	
固定資産		固定負債	
有形固定資産		地方債	
事業用資産		長期未払金	
土地		退職手当引当金	
立木竹		損失補償等引当金	
建物		その他	
建物減価償却累計額		流動負債	
工作物		1年内償還予定地方債	
工作物減価償却累計額		未払金	
船舶		未払費用	
船舶減価償却累計額		前受金	
浮標等		前受収益	
浮標等減価償却累計額		賞与等引当金	
航空機		預り金	
航空機減価償却累計額		その他	
その他		負債合計	
その他減価償却累計額		【純資産の部】	
建設仮勘定		固定資産等形成分	
インフラ資産		余剰分（不足分）	
土地			
建物			
建物減価償却累計額			
工作物			

工作物減価償却累計額			
その他			
その他減価償却累計額			
建設仮勘定			
物品			
物品減価償却累計額			
無形固定資産			
ソフトウェア			
その他			
投資その他の資産			
投資及び出資金			
有価証券			
出資金			
その他			
投資損失引当金			
長期延滞債権			
長期貸付金			
基金			
減債基金			
その他			
その他			
徴収不能引当金			
流動資産			
現金預金			
未収金			
短期貸付金			
基金			
財政調整基金			
減債基金			
棚卸資産			
その他			
徴収不能引当金		純資産合計	
資産合計		負債及び純資産合計	

出所：総務省（2014, p.37）

3 | 世代間負担衡平性

　企業会計では，貸借対照表の借方（資産）は資金の運用形態を示し，貸方（負債および純資産）は資金の調達源泉を示しているといわれるが，地方公会計においても同様に借方は資産の保有状況を示し，貸方は財源の調達状況を示

していると考えられる。

　このように貸借対照表は，地方自治体のストック情報を表している財務書類であるのに対して，従来からの官庁会計では歳入および歳出の管理というフローの側面だけで会計をとらえており，公共サービスの提供に役立つ資産をどれくらい保有しているか，将来の負担となる負債がどの程度あるか，ということが不明確になるという批判があった。そこで，統一的な基準を導入して発生主義会計にもとづく複式簿記を採用することにより，資産あるいは負債の管理というストックの側面からも財政運営に役立てることが可能になった。

　また，地方自治体は，過去・現在・未来の時間軸にわたって資源配分を行う会計主体であり，その純資産の変動は過去および現在の世代と，将来世代との間における資源配分の関係性を表すことになる。そのため，**図表5-4**に示すように，負債の部分は将来世代が負担する財源によって形成された資産を意味しており，純資産の部分は過去および現在の世代が財源を負担して形成された資産を意味しているということになる。

　したがって，純資産が減少する場合には，当該年度において現在世代が自ら負担した分を超える資源を費消しながら便益を享受する一方で，将来世代にその分の負担を先送りしていることを表している。逆に，純資産が増加する場合には，現在世代が自らの負担によって将来世代も利用できる資産を形成し，将来世代にとってはその分の負担が軽減されたことを表している。

　このように考えると，貸借対照表上に負債が存在せず，すべての資産が純資産として現在世代の負担によって形成されることが，必ずしも**世代間負担衡平性**を高めるというわけではない。なぜなら，インフラ資産のように将来にわたって長期的に使用できる資産については，その財源の一部を将来世代にも負担させた方が合理的ということになる。したがって，**建設公債主義**にもとづいて，地方債等による負債を財源として資産が形成されるのであれば，世代間負担衡平性に関する観点からは妥当性が認められることになり，財政規律が守られていると考えることができるのである。

図表5-4　貸借対照表における世代間負担衡平性

科　　目	科　　目
固定資産	固定負債
有形固定資産	地方債
事業用資産	その他
土地	流動負債
建物等	1年内償還予定地方債
インフラ資産	負債合計
土地	
建物等	固定資産等形成分
投資その他の資産	余剰分（不足分）
基金等	
流動資産	
現金預金	
その他	純資産合計
資産合計	負債及び純資産合計

（左側）資産の保有状況

（右上）要返済分（将来世代の負担）

（右）財源の調達状況

（右下）負担済分（過去・現在世代の負担）

出所：筆者作成

Column　建設公債と特例公債

　建設公債は，財政法の第4条にもとづいて公共事業費，出資金および貸付金の財源に充てるために発行される公債である。本来，人件費や扶助費などの**経常的経費**は当該年度の税収等による収入をもってまかなうべきであるため，例外的に公共事業費など将来の世代も便益を受けることができる支出に限定して，公債や借入金によって財源を調達することが許容されてきた。このような世代間負担衡平性を担保するためのルールを**建設公債主義**とよび，多くの国々において財政規律の黄金律（ゴールデン・ルール）として導入されている。

　それに対して，近年ではとりわけ国（政府）において，経常的経費を税収等の収入によってまかなうことができない状況が常態化しており，**特例公債**を発行して財源を確保している。特例公債はいわゆる赤字公債ともよばれるが，もともとは財源が不足するたびに特例法を定めて公債を発行することが認められてきた。しかし，特例公債は1975年以降から毎年のように発行されるようになっており，特に1997年以降には消費税増税を契機としてデフレ経済へと突入したことからその残高は増加の一途をたどっている。そのため，2012年までは国会において毎年審議が必要であったところ，2012年度からは4年間，2016年度か

らは5年間にわたる特例公債の発行が一括して認められるようになっており，財政規律のゆるみが懸念されている。

　さらには，このように急増する公債の発行にともない，日本銀行が公債を大量に購入している。日本銀行が国債を直接引き受ける財政ファイナンスは極端なインフレを引き起こす可能性があるとして，財政法の第5条によって禁止されている。それに対して，金融政策として市場に資金を供給するために公債を購入する「買いオペ」は認められているが，このような日銀の行動が実質的な財政ファイナンスとなっていないか，財政規律の観点から議論をよんでいるところである。

〈参考文献〉

総務省（2014）「今後の新地方公会計の推進に関する研究会報告書」。
総務省（2019）「統一的な基準による地方公会計マニュアル（令和元年8月改訂）」。
有限責任あずさ監査法人（2010）『行財政改革とガバナンス構築のための新地方公会計の実務と活用』同文舘出版。
有限責任監査法人トーマツ（2012）『一番やさしい公会計の本』学陽書房。

第6章	行政コスト計算書等の意義

　地方公会計におけるフロー情報を表す財務書類としては行政コスト計算書，純資産変動計算書，資金収支計算書の3つがある。これらは企業会計でいうと損益計算書，株主資本等変動計算書，キャッシュ・フロー計算書に各々相当するが，その記載内容や意味合いは企業会計とは大きく異なっている。

　収支計算にもとづく従来からの官庁会計では，現金支出をともなわない減価償却費や退職手当引当金繰入額などは認識されないが，発生主義会計にもとづく複式簿記を導入することによって，フルコストによるフロー情報を把握することが可能になる。ただし，配当可能利益の計算を目的とする企業会計では費用収益対応の原則が適用されるが，公的部門が受け入れる税収や補助金などの収入は対価性のない非交換取引となるため，企業会計とは異なる考え方にもとづいてフロー情報が作成されることになる。

1 ｜ 行政コスト計算書の構成要素

　行政コスト計算書は，会計期間中の費用・収益の取引高を明らかにする財務書類である。統一的な基準にもとづく地方公会計の行政コスト計算書の形式を示すと，67頁の**図表6-1**のようになる。行政コスト計算書は，企業会計における損益計算書に近い性質をもつが，収益獲得を目的とする企業とは違って，公的部門では公共サービスを提供するために投入された資源（インプット）を測定することが重要になる。そのため，行政コスト計算書の内訳項目や記載方法は，損益計算書とは大きく異なっている。

　行政コスト計算書では最初に収益ではなく，まず先に費用の計算が行われる。

そして，通常の公共サービスを提供するためのコストである**経常費用**を計算した後で，そのコストをまかなうために受け取った対価（使用料や手数料など）である**経常収益**が差し引かれるが，公共サービスのコストを経常収益によってすべて回収することはあまり想定されていない。そのため，経常費用の一部のみを回収できるように使用料等が定められるのが一般的であり，経常費用から経常収益を差し引いた残額が公共サービスを供給するために必要な**純経常行政コスト**を表すことになる。

このとき経常費用は，業務費用と移転費用に分類される。業務費用とは，公共サービスを供給するために直接要した費用であり，人件費・物件費・その他の業務費用から構成される。このなかには，**減価償却費**や賞与等引当金繰入額，**退職手当引当金繰入額**など，現金支出をともなわない発生主義会計による費用も含まれている。また，**移転費用**は対価性のない支出であり，補助金や社会保障給付，他会計への繰出金が含まれる。そして，経常収益は公共サービスに要するコストの一部を回収するために受け取った収益であり，使用料および手数料などが含まれる。

さらに，純経常行政コストに臨時的・偶発的に生じる臨時損失および臨時利益を加減算して，**純行政コスト**が算出される。このとき，臨時損失は災害復旧事業費や，固定資産の処分にともなう資産除売却損，連結対象団体に対する出資の実質価額が下落したときに計上する投資損失引当金繰入額などが含まれる。また，臨時利益は臨時・偶発的な純資産の増加要因であり，固定資産の売却による資産売却益などが含まれる。

したがって，純行政コストは通常の公共サービスを供給するために要するコストを表しているが，これは何らかの対価性のない財源によってまかなわれる必要がある。このように行政コスト計算書では，地方自治体が受け取るすべての収入が計上されているわけではなく，公共サービスの対価の一部として得た収益と臨時利益のみが行政コスト計算書に計上されて，対価性のない税収や地方交付税，補助金などの収入は純資産変動計算書に計上されるという点が，企業会計とは大きく異なっている。

行政コスト計算書をみれば，会計期間中の公共サービスに要した費用がどれくらいか，それに対して直接の受益者がいくら負担したかということが把握で

図表6-1　地方公会計の行政コスト計算書

科　目	金　額
経常費用	
業務費用	
人件費	
職員給与費	
賞与等引当金繰入額	
退職手当引当金繰入額	
その他	
物件費等	
物件費	
維持補修費	
減価償却費	
その他	
その他の業務費用	
支払利息	
徴収不能引当金繰入額	
その他	
移転費用	
補助金等	
社会保障給付	
他会計への繰出金	
その他	
経常収益	
使用料及び手数料	
その他	
純経常行政コスト	
臨時損失	
災害復旧事業費	
資産除売却損	
投資損失引当金繰入額	
損失補償等引当金繰入額	
その他	
臨時利益	
資産売却益	
その他	
純行政コスト	

出所：総務省（2014, p.38）

きる。従来からの官庁会計では，現金支出をともなわない減価償却費や退職手当引当金繰入額などの費用が認識されず，人件費や間接経費も予算として全体的な金額が把握されるにとどまり，個別の事業や施設ごとにかかっているコストが明確にされていなかった。そこで，行政コスト計算書を作成し，それを事業別・施設別に分析することによって，地方自治体が個々の事業を実施するために投入したインプットとしてのフルコストが可視化されるのである。

　そして，公的部門では公共サービスの供給に要する費用は，受益者の負担によって得られる収益を超過するのが通常であるため，不足する財源を税収や補助金などの対価性のない収入によって充当する必要がある。したがって，行政コスト計算書における純行政コストは，納税者の負担に帰すべき公共サービスの費用額を表しているといえる。

2 純資産変動計算書の構成要素

　純資産変動計算書は，会計期間中の純資産の変動を明らかにする財務書類である。統一的な基準にもとづく地方公会計の純資産変動計算書の形式を示すと**図表6-2**のようになる。純資産変動計算書は，企業会計における株主資本等変動計算書に近い性質をもつが，配当可能利益を明らかにするために，純資産を払込資本と留保利益，その他に区分する企業会計とは異なり，公会計における純資産は資産と負債の差額を表しているにすぎない。そのため，純資産変動計算書の記載内容は，株主資本等変動計算書とは大きく異なっている。

　まず，出資者の概念がない地方自治体では，元本である資本と果実である収益の帰属先を明らかにする必然性がないため，純資産の内訳項目を区分する必要はない。そして，純資産変動計算書の記載方法をみると，前年度末純資産残高に本年度純資産変動額を加減して，本年度末純資産残高が計算されるが，本年度末純資産残高は貸借対照表の純資産額と一致する。

　なお，**本年度純資産変動額**は行政コスト計算書から転記された純行政コストに，税収等や国県等補助金などの財源を加減して本年度差額を計算した後，資産評価差額や無償所管換などを加減して計算する。純行政コストは上述したよ

うに，納税者が負担すべき公共サービスの費用額を表しているが，この要負担
額を財源となる税収や補助金等と対比させることによって，現在世代の納税者
がどれくらい必要となるコストを負担しているか把握することができる。

　したがって，純行政コストから納税者による財源負担額を差し引いた**本年度
差額**がプラス（費用よりも収入が大きい）であれば，現在世代は当年度の必要
額を超えるコストを負担していることになり，余剰財源が純資産に組み入れら
れて将来世代の負担は軽減される。それに対して，本年度差額がマイナス（費
用よりも収入が小さい）であれば，現在世代は当年度に必要なコストをまかな
えず，不足財源を補うために純資産を取り崩して将来世代に負担を先送りして
いることになる。

図表6-2　地方公会計の純資産変動計算書

科　目	合　計	固定資産 等形成分	余剰分 （不足分）
前年度末純資産残高			
純行政コスト（△）			
財源			
税収等			
国県等補助金			
本年度差額			
固定資産等の変動（内部変動）			
有形固定資産等の増加			
有形固定資産等の減少			
貸付金・基金等の増加			
貸付金・基金等の減少			
資産評価差額			
無償所管換等			
その他			
本年度純資産変動額			
本年度末純資産残高			

出所：総務省（2014，p.39）

　なお，資産評価差額には市場価格のある有価証券および出資金を市場価格で評価した際の差額が計上され，無償所管換等には無償で譲渡・取得した固定資産の評価額等が計上される。また，固定資産等の変動は純資産の増減を生じるわけではないが，純資産のうちに含まれる余裕財源を明らかにするために，会計期間における固定資産等への投資額は固定資産等形成分として，拘束性のない資金の増減額は余剰分（不足分）として，純資産の内訳を記載することが求められている。

　行政コスト計算書と純資産変動計算書の説明は上述したとおりであるが，地方公会計の統一的な基準では，行政コスト計算書と純資産変動計算書を別々の財務書類（４表形式）とはせずに，**図表６-３**に示すように行政コスト及び純資産変動計算書として，１つの財務書類（３表形式）として作成することも認められている。

　ただし，行政コスト及び純資産変動計算書は，単純に行政コスト計算書と純資産変動計算書を合体したものというわけではない。フロー情報の考え方として，４表形式では行政コスト計算書を用いて公共サービスの供給に要した純行政コストを算出することが重視されていることから，税収等や国県等補助金といった対価性のない収入は，行政コスト計算書に含めずに純資産変動計算書に計上されている。

　それに対して，３表形式ではすべての費用と財源を対比することを重視していることから，当年度の費用が当年度の財源によって，どの程度まかなわれたかということを示すために，税収等や国県等補助金も純行政コストと一体の書類として計上されることになる。したがって，４表形式と３表形式では計上される項目自体に違いはないが，重視される情報および財源のとらえ方が異なっていると考えることができる。

図表6-3　地方公会計の行政コスト及び純資産変動計算書

科　目	金　額
経常費用	
業務費用	
人件費	
職員給与費	
賞与等引当金繰入額	
退職手当引当金繰入額	
その他	
物件費等	
物件費	
維持補修費	
減価償却費	
その他	
その他の業務費用	
支払利息	
徴収不能引当金繰入額	
その他	
移転費用	
補助金等	
社会保障給付	
他会計への繰出金	
その他	
経常収益	
使用料及び手数料	
その他	
純経常行政コスト	
臨時損失	
災害復旧事業費	
資産除売却損	
投資損失引当金繰入額	
損失補償等引当金繰入額	
その他	
臨時利益	
資産売却益	

	金　額	
	固定資産等形成分	余剰分（不足分）

科　目	金　額		
その他			
純行政コスト			
財源			

72

税収等			
国県等補助金			
本年度差額			
固定資産等の変動（内部変動）			
有形固定資産等の増加			
有形固定資産等の減少			
貸付金・基金等の増加			
貸付金・基金等の減少			
資産評価差額			
無償所管換等			
その他			
本年度純資産変動額			
前年度末純資産残高			
本年度末純資産残高			

出所：総務省（2014, p.40）

3 資金収支計算書の構成要素

　資金収支計算書は，会計期間中の資金収支の状態，すなわち資金利用状況および資金獲得能力を表している財務書類である。統一的な基準にもとづく地方公会計の資金収支計算書の形式を示すと**図表6-4**のようになる。統一的な基準において，行政コスト計算書は**発生主義会計**にもとづくフロー情報を表すのに対して，資金収支計算書は**現金主義会計**にもとづくフロー情報を表しており，資金収支計算書は企業会計でいうところのキャッシュ・フロー計算書に相当する。そして，企業会計における営業活動・投資活動・財務活動の区分と同様に，公会計でも業務活動・投資活動・財務活動という3つの活動区分を設けて資金収支の状態が表されている。

　ただし，損益計算を補足する情報としてキャッシュ・フロー計算が位置づけられている企業会計とは異なり，予算制度が基礎になる公会計では収支計算が大前提として存在しており，損益計算は政策の意思決定等を支援するための補助的な財務情報として位置づけられている。そのような状況下において，経常

的な行政活動と，資産形成あるいはそのための財源調達に係る活動に関して，予算上の区分とは異なる形で資金収支の状態を再整理したものが地方公会計の資金収支計算書ということになる。

このとき，業務活動収支とは地方自治体の本来業務に係る収支であり，業務支出・業務収入および臨時支出・臨時収入によって構成される。そして，業務支出には公務員の人件費や物件費などの業務費用と，補助金や社会保障給付などの移転費用が含まれており，業務収入には税収や補助金，使用料および手数料が含まれている。このように業務活動収支をみることによって，公共サービスを実施するために要した支出が，税収や補助金，使用料などの収入によってどの程度まかなわれているかを把握することができる。

また，投資活動収支とは公共施設等の整備や基金の積立て，外郭団体等への出資・出捐，貸付けなどに係る収支であり，投資活動支出および投資活動収入によって構成される。投資活動収支をみることによって，公共事業への投資支出や外郭団体等への出資・出捐がどれくらい行われているかを把握することができる。

さらに，財務活動収支とは地方債の発行や償還などに係る収支であり，財務活動支出および財務活動収入によって構成される。財務活動収支をみることによって，業務活動と投資活動によって生じる財源不足を，地方債の発行などでまかなっている状況を把握することができる。したがって，これらの3つの資金の流れをみれば，地方自治体が公共サービスや公共事業等を実施するために，どのような財源を調達するとともに，債務返済にまわせる資金がどれくらい確保されているかということを理解することができる。

最後に，これら3つの活動区分の収支を合計すると本年度資金収支額になり，それに前年度末資金残高を加算したものが本年度末資金残高となる。ただし，この本年度末資金残高は，貸借対照表上の現金預金残高と必ずしも一致するわけではない。なぜなら，地方自治体の会計に帰属しない一時的な預り金などが，歳計外現金として資金収支計算書の範囲に含まれずに欄外にて注記されているため，資金収支計算書上の本年度末資金残高と欄外にある歳計外現金を合計した金額が貸借対照表上の現金預金残高と一致することになる。

図表6-4 地方公会計の資金収支計算書

科　目	金　額
【業務活動収支】	
業務支出	
業務費用支出	
人件費支出	
物件費等支出	
支払利息支出	
その他の支出	
移転費用支出	
補助金等支出	
社会保障給付支出	
他会計への繰出支出	
その他の支出	
業務収入	
税収等収入	
国県等補助金収入	
使用料及び手数料収入	
その他の収入	
臨時支出	
災害復旧事業費支出	
その他の支出	
臨時収入	
業務活動収支	
【投資活動収支】	
投資活動支出	
公共施設等整備費支出	
基金積立金支出	
投資及び出資金支出	
貸付金支出	
その他の支出	
投資活動収入	
国県等補助金収入	
基金取崩収入	
貸付金元金回収収入	
資産売却収入	
その他の収入	
投資活動収支	

【財務活動収支】	
財務活動支出	
地方債償還支出	
その他の支出	
財務活動収入	
地方債発行収入	
その他の収入	
財務活動収支	
本年度資金収支額	
前年度末資金残高	
本年度末資金残高	

前年度末歳計外現金残高	
本年度歳計外現金増減額	
本年度末歳計外現金残高	
本年度末現金預金残高	

出所：総務省（2014, p.41）

4 期間衡平性

　公的部門における純資産の増減（余剰・欠損）は，企業における純資産の増減（利益・損失）とは意味合いが異なる。企業における純資産の増減は，投資から生み出された果実を表すのに対して，公的部門における純資産の増減は，行政活動の結果として形成された余剰財産の蓄積を意味する。

　企業および公的部門における残高試算表から，企業会計と公会計の計算構造を図式化すると**図表6-5**のようになる。そして，貸借対照表における負債が将来世代の負担を表し，純資産が過去・現在世代の負担を表すことから，貸借対照表が世代間負担衡平性を表しているということは前章で説明したが，行政コスト計算書および純資産変動計算書からも公会計に特徴的な情報を読み取ることができる。

　図表6-5の網掛け部分は，株主が出資あるいは納税者が供出した資源である。このとき，企業の場合には株主による出資は資本金に充当された後，事業活動を通じて増加した純資産が株主に帰属する利益として測定される。それに

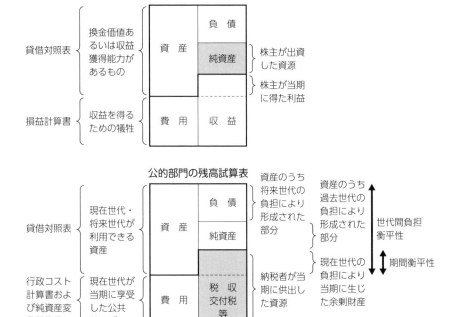

図表6−5 企業会計と公会計の計算構造

出所：筆者作成

　対して，公的部門の場合にはまず公共サービスを供給するための費用が必要となり，それを充当するための財源が納税者から直接，あるいは国を経由して税収および交付税等という形で供出される。そして，受け入れた財源と公共サービスの供給に要した費用との差額として生じた純資産の増減が，現在世代の負担によって蓄積または取り崩される当期の余剰財産となるのである。

　したがって，純資産が増加している場合は，当年度の税収や交付税等により当年度の公共サービスに要したコストをまかなえたことになる。さらに，それによって生じた余剰財産は，将来の公共サービスに充当されるために将来世代の負担を軽減する。それに対して，純資産が減少している場合は，当年度の公共サービスをまかなうには当年度の税収や交付税等が不足したことになる。そのため，足りなかった財源を負債あるいは過去に蓄積した純資産の取崩しに

よって補う必要があり，この負債等をいずれ返済する将来世代へと負担が先送りされていることになる。

　以上のような考え方から，純資産変動計算書上の**本年度純資産変動額**がプラスであれば，当年度の費用を当年度の財源でまかなうという**期間衡平性**が担保されたことになる。たとえば，GASB（アメリカ政府会計基準審議会）が発行する公会計の概念フレームワークにおいても，公的部門が果たすべき説明責任の重要な一部として期間衡平性の概念が示されており，毎年度の財源と費用の均衡を維持することが行政運営の基礎として位置づけられている（藤井監訳2003，pp.27-29）。

　それに対して，本年度純資産変動額がマイナスになる状態が長く続けば，いずれ債務超過となり公共サービスの供給を続けることは困難になる。わが国の財政制度では，債務超過となっても地方自治体がただちに破綻するわけではないが，**財政再生団体**となれば夕張市のように，国の関与のもとで財政再生計画を策定し，厳しい歳出削減や公共サービスの低下が強いられることになる。したがって，本年度純資産変動額が適切な水準に保たれることは，財政の持続可能性を保つために重要であり，本年度純資産変動額は公的部門の財務業績を表していると考えることができる。

> **Column　税収は収益か？**
>
> 　地方公会計の統一的な基準では，税収や補助金といった対価性のない収入は行政コスト計算書に計上されず，純資産の増加として表示されている。それに対して，国際公会計基準（IPSAS）では，税収等も収益として財務業績計算書に計上され，費用と対比させた表示がなされている。
>
> 　税収等の計上をめぐる前者のような考え方を持分説というが，持分説では税収等を主権者である住民からの拠出ととらえており，納税者の持分である純資産がどのように変動し，引き継がれていくかを表すことが重要であると考えられている。
>
> 　それに対して，後者のような考え方を収益説というが，収益説では一会計期間に生じたすべての費用と財源を対比させることにより，当期の行政コストが現在世代の負担によって，適切にまかなわれているかどうかを表すことが重要であると考えられている。

　持分説と収益説のいずれにも論拠があり，どちらが正しいということは難しいが，地方公会計の統一的な基準では，税収等を収益として行政コスト計算書に計上する方法を採用していないことから，収益説の立場はとっていないと考えられる。しかし，その一方では3表形式を認めて，純行政コストと税収等を一覧で表示することを許容していることから，純粋な持分説を採用しているというわけでもないといえる。

　それに対して，国際公会計基準では税収等を広い意味での公共サービスの対価ととらえ，すべての費用と財源を対比させて表示することが財務業績の評価に資すると考えて収益説が採用されている。企業会計の分野では**国際財務報告基準（IFRS）**とのコンバージェンスが進められているが，公会計の分野では各国の財政制度に相違があることからコンバージェンスはなされておらず，地方公会計の統一的な基準においても国際公会計基準との整合性はほとんど考慮されていないのが実情である。

〈**参考文献**〉

総務省（2006）「新地方公会計制度研究会報告書」。
総務省（2014）「今後の新地方公会計の推進に関する研究会報告書」。
総務省（2019）「統一的な基準による地方公会計マニュアル（令和元年8月改訂）」。
日本公認会計士協会（2008）「地方公共団体の会計に関する提言」公会計・監査特別委員会研究報告第1号。
藤井秀樹監訳（2003）『GASB/FASAB 公会計の概念フレームワーク』中央経済社。

第7章 公共サービスのイノベーション

　公的部門は税金等を使って公共サービスを供給するため，住民等から付託された公の資金が適法かつ有効に用いられたことを説明する責任がある。資金の受託者が負うこのような説明責任のことをアカウンタビリティともいうが，この用語は会計（accounting）と責任（responsibility）から成り立っており，そもそも会計は説明する（account）ということと表裏一体になっている。

　従来，公的部門では住民の代表である議会が承認した予算を正しく執行することによってアカウンタビリティが果たされると考えてきたが，その一方で非効率な公共事業が行われたり，予算が肥大化して政府債務が増大したりということが生じており，予算による事前統制だけでは適切な財政運営を確保できないという懸念が世界的に広がっている。そのため，公会計情報を含む客観的なデータを活用して証拠にもとづく政策決定（EBPM：evidence-based policy making）を推進することにより，より効率的かつ効果的な公共サービスを実施できたことを可視化することに取り組んでいる。

1 パブリック・アカウンタビリティ

　ある主体が他の主体に，自らの利益のために行動するように付託する場合には，プリンシパル・エージェント関係が成立するといわれる。民間企業であれば，株主から付託された財産を活用して経営者は利益を獲得することが求められるが，このときには株主が依頼人（プリンシパル），また経営者が代理人（エージェント）ということになる。そして，エージェントにはプリンシパルのために職務を誠実に遂行する受託責任（スチュワードシップ）が生じるとと

もに，その成果について適切に説明することが求められる。

　それに対して，公的部門でも住民等が納税という形で資源を付託し，公共サービスの供給を受けることから，住民と行政との間にはプリンシパル・エージェント関係が成立すると考えられる。ただし，現実には行政活動の成果について住民に直接説明がなされるというよりも，住民の代表により構成される議会に説明をして承認が得られれば，住民への説明責任は果たされたものとみなされてきた。しかし，近年では公的部門に対して，国民や住民に行政活動の成果を明瞭に説明することが求められるようになってきており，政府広報などを通じた情報提供が積極的に取り組まれている。

　一般的にアカウンタビリティは意思決定有用性とならび，財務報告における最も重要な目的の1つとされている。ただし，利益を獲得すれば受託責任がおおむね解除される民間企業では，**意思決定有用性が重視される傾向があり**，不祥事が起きない限りアカウンタビリティが強調されることはあまりなかった。そのため，国際会計基準審議会（IASB）が公表する「国際財務報告基準の概念フレームワーク」あるいは日本の企業会計基準委員会による討議資料においてもアカウンタビリティに関する言及はなく，意思決定有用性が財務報告の目的として位置づけられている。

　それに対して，国際公会計基準審議会（IPSASB）が2014年に公表した「国際公会計基準の概念フレームワーク」では，「公的部門の主体による財務報告の目的は，説明責任目的及び意思決定目的に向けて，一般目的財務報告書の利用者に有用となる，報告主体についての情報を提供することである」と記されており，意思決定有用性とともに公的部門が果たすべきアカウンタビリティの重要性が指摘されている。

　公的部門においてアカウンタビリティが重視される理由としては，公権力によって資源徴収が強制的に行われており，そこから国民や住民などが退出したり，別の主体によるサービスを選択したりするのが困難であることが考えられる。IPSASBの概念フレームワークでも「納税者が通常，自発的又は交換取引の結果として，資金を政府又は他の公的部門の主体に提供することはない。さらに，多くの場合納税者は，公的部門の主体が適用するサービスを受け入れるかどうかを選択できる裁量権，又は別のサービス提供者を選択できる裁量権を

有していない」と指摘されている。

　したがって，民間企業と消費者の関係であれば，どこからサービスを購入するか，どの株式に投資するかということを比較的容易に選択できるところ，公的部門と住民の関係においては，そのように自由な意思決定を行うことが難しい。より望ましい公共サービスが受けられる行政区域へと移り住むという，いわゆる足による投票によって，居住する地方自治体などを選択することは不可能ではないとしても，職場や家庭の環境あるいはコスト負担があることから選択肢が著しく限定されてしまう。

　このような背景があることから，地方自治法の第2条第14項に定められるように，地方自治体は「住民の福祉の増進に努めるとともに，最少の経費で最大の効果を挙げる」ことが求められている。そして，強制的に徴収した資源をどのように配分し，いかなる成果をあげたかとともに，それらが公平・公正に行われたかどうか，ということに関して説明する責務を負っている。その結果として，これらの説明を聞いた住民が選挙での投票先を決めることによって，住民の意思を政策決定へと反映することが想定されているのであり，公的部門には一般的な説明責任よりも広範囲なパブリック・アカウンタビリティを果たすことが期待されている。

2 ｜ パブリック・ガバナンス

　従来型の行政管理においては，法令等に従って許認可や規制などを行うとともに，政府が決めた一定のサービスを政府自身，あるいは政府から運営費や補助金等を受けた民間組織が提供することを想定してきた。たとえば，福祉事業の場合でいうと，かつては措置制度にもとづいて高齢者や障がい者などを施設に入所させて，地方自治体が自ら設置する社会福祉協議会や，行政による認可を受けて設立された社会福祉法人が法令等で定められた一定の福祉サービスを実施しており，支援対象者や支援内容を決めるのは行政であった。

　それに対して，海外諸国では1980年代以降，行政組織のダウンサイジングや公営事業の民営化，民間委託等によるコスト削減など様々な公共サービス改革

が行われてきた。これらの改革の基本となる考え方はニュー・パブリック・マネジメント（NPM）とよばれるが，①公共経営に市場原理や民間のマネジメントツールを導入することにより，②政策の目的を明確にしてそれを実現するための目標を定め，③手続よりも結果を重視し，④行政外部のみならず行政内部においてもアウトソーシングやフランチャイズを活用することによって，⑤コストを削減しながらより優れた公共サービスを供給することをねらいとしており，わが国の公共サービス改革にも大きな影響を与えている。

　NPMによる場合，公共サービスを供給するのは必ずしも行政である必要はなく，官民を問わず最も効果的・効率的に事業を実施できる主体が提供すればよいと考えられている。たとえば，上述した福祉事業の場合では介護保険制度や障害者総合支援法が導入されて，株式会社やNPO法人などがこれらの事業に参入できるようになるとともに，利用者は誰からどのようなサービスを受けるかを契約により選択できるようになった。

　さらに，NPMでは公共サービスによる成果とコストを，経済性（economy），効率性（efficiency），有効性（effectiveness）という３Ｅの観点から評価することが取り組まれた。その結果として，NPMは公的部門のリストラクチャリングに一定の成果をあげたが，費用便益分析やバリュー・フォー・マネー（VFM）などの経済的側面を重視するあまりに過度な競争を誘発するとともに，住民を顧客として受け身の立場に置くことにより，公共サービスの質的な低下を招いたという批判がある。

　そのため，NPMにもとづく公共サービス改革はその後，多様な主体が参画しながら，協調的な対話にもとづいて施策や事業を決定していくというニュー・パブリック・ガバナンス（NPG）へと変化をみせている。自民党政権において2013年から提唱されている「共助社会づくり」といった議論も，このような流れに沿うものであると考えられる。このとき，行政は必ずしも公共サービスの供給主体としての役割を求められるのではなく，住民や公共サービスを提供する民間事業者などと協力しながら，地域社会を構築するための利害調整の機能を果たすことが期待されている。

　ただし，公共サービス改革としての手法が明確であるNPMと比較して，NPGには理念的な側面が強く，具体的な実践方法が定まっているわけではな

い。むしろ，多様な取組みを尊重することによって，創意工夫を促しながら地
域の実情にあわせた施策や事業を実施することが意図されており，その結果と
して公共サービスの新しいアプローチを生み出すというイノベーションや価値
創造が重視されている。

　ここまで説明してきた従来型の行政管理と，NPMおよびNPGの特徴をまと
めると**図表7-1**のようになる。従来型の行政管理では予算による事前統制が
行われることから，法令等を遵守する手続が重要となるため，支出と収入を正
確に確認できる現金主義会計にもとづく単式簿記が行われる。このような法令
遵守は公的部門の基本であり，NPMやNPGが導入されてもその重要性が損な
われることはない。

　ただし，それに加えてNPMの場合には経済的な合理性が基本とされるため
に，業績を測定して説明するというアカウンタビリティが求められる。そして，
経済的な意思決定を行うためには現金主義会計では不十分であり，発生主義会
計にもとづく公会計情報が不可欠になる。さらに，NPGにおいても発生主義
会計による会計情報は不可欠となるが，多様な主体が参画して協力することが

図表7-1　公共経営における考え方の変遷

	従来型の行政管理	ニュー・パブリック・マネジメント（NPM）	ニュー・パブリック・ガバナンス（NPG）
理論的な基礎	行政論	経済論	民主主義論
公共の担い手	行政機関	アウトソーシングやフランチャイズの活用	地域社会
住民との関係	管理・保護の対象	公共サービスの顧客	協働の担い手
行政手法の例	規制，許認可	民営化，PFI，業務委託，指定管理者，官民競争入札	官民連携，住民参加
統制の手段	予算による事前統制	業績にもとづくアカウンタビリティ	多様な主体の合意と連携にもとづくガバナンス
評価の尺度	適法性，合規性	費用便益分析，バリュー・フォー・マネー	社会的価値の創出，公共サービスのイノベーション
必要な会計情報	現金主義会計	発生主義会計	財務・非財務情報

出所：筆者作成

想定されるNPGでは，財務情報だけでなく広範囲な非財務情報が必要になると考えられる。そして，利害関係者の合意形成を促進しながら，相互に合意された目標を達成するためのガバナンスをどのように構築するかということが模索されている。

3 | 公共サービスのイノベーション

　一般的にイノベーションという場合，経営手法や科学技術などにおける革新的な変化がイメージされるが，人びとの生活に直接的な影響を与える公共サービスにおいて，このように劇的な変革を期待することは現実的ではない。しかしながら，近年では公共サービスのイノベーションが国内外において提唱されているが，ここでいうイノベーションとは従来にないアプローチや創意工夫によって社会に新しい価値を創出することであり，必ずしも大きな変革が想定されているわけではない。

　公共サービスのイノベーションを推進するために，**官民連携**（PPP：Public Private Partnership）の考え方が世界的に浸透し，民間事業者の活用や住民参加による政策決定が試みられている。そして，民間事業者については，旧来のように単なる下請けとして業務を請け負うことから，現在では福祉，教育，防災，まちづくりなど多種多様な分野へと連携の範囲が広がっており，その主体も民間企業だけでなくNPO等の非営利組織や**社会的企業**が大きな役割を果たすようになっている。特にイギリスなどでは，行政の一部分が独立して社会的企業となり，地方自治体等と契約を結んで引き続き公共サービスを提供するスピンアウトも活用されている。

　また，多様な主体を巻き込んだ公共サービスの新しい取組みの一例として，近年ではソーシャル・インパクト・ボンド（SIB）も注目されている。世界で最初に導入されたSIBは，イギリスで2010年に導入された刑務所における再犯防止プロジェクトであったが，当時のイギリスでは短期受刑者の約8割が再犯するところ，教育や職業訓練を行うことにより再犯率を低下させることができるならば警察や裁判にかかるコストの削減が可能となる。

　そこで**図表7-2**に示すようにSIBでは，民間の投資家から募った出資金を活用して事業者が再犯防止プログラムを実施し，通常予想される水準よりも再犯率を低下させることができた場合には，その達成度に応じて行政から投資家に対して元利金が支払われるとともに，達成度が一定水準に満たない場合には，支払いが行われなかったり減額されたりするという**成果連動型民間委託契約**（PFS：Pay for Success）のスキームが採用されている。

　このようにSIBでは，効果的な政策とそれに対するコストが不明確な社会的課題に対して，行政が財政的なリスクを負うことなくパイロット・プロジェクトを実施できるという利点があり，現在では世界各国において就労支援，若年者教育，非行者教育，ヘルスケアなど様々な分野において多数のSIBが導入されるようになっている。

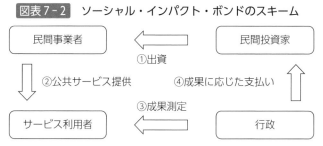

図表7-2　ソーシャル・インパクト・ボンドのスキーム

民間事業者　←①出資　民間投資家

②公共サービス提供　④成果に応じた支払い

③成果測定

サービス利用者　←　行政

出所：筆者作成

4 ┃ サービス業績情報

　公共サービスの成果を測定するためには，財務情報と非財務情報を適切に組み合わせて分析を行う必要がある。わが国の公会計では非財務情報の整備について十分な検討が進んでいないが，**国際公会計基準**（IPSAS）では推奨実務ガイドライン（RPG）第3号「サービス業績情報の報告」を公表し，公的部門がどのようなサービスを提供し，その業績目標は何であり，目標の達成度がどの程度であったかを明らかにすべきとしている。

　RPG第3号に示されているサービス業績指標は，**図表7-3**に示すようにインプット・アウトプット・アウトカム・効率性・有効性の5つである。たとえば，公立病院について考える場合，その本来目的とするところは単に病気を治療することではなく，地域住民の健康を向上させることにある。そのため，何人の幼児に麻疹（はしか）の予防接種を行ったかということは，重要なアウトプット指標ではあるものの，それは麻疹に感染した幼児の数あるいは割合を減らすという成果の前提条件にすぎない。したがって，この場合は麻疹に感染した幼児の減少数などをアウトカムの成果指標とすることが合理的と考えられる。

　そして，さらなる分析として一般的に**効率性**は，インプットとアウトプットとの対比によって測定される。また**有効性**は，インプットやアウトプットがどのくらいアウトカムに結びついたかにより測定される。このような非財務情報を公的部門が整備して公表することにより，議員や住民などの政策への理解が深まってコミュニケーションが推進されるとともに，今後の議論や投票行動にも資すると考えられる。また，行政内部においてもモニタリングに活用するとともに，より戦略的な意思決定に用いることができる可能性がある。

図表7-3　IPSASによるサービス業績情報

項　目	定　義	業績指標（performance indicators）
インプット（inputs）	アウトプットを提供するために使用した資源	予防接種を行うために必要な人員・コスト
アウトプット（outputs）	外部の受益者に提供されたサービス	予防接種された幼児の数
アウトカム（outcomes）	アウトプットの成果が社会にもたらすインパクト	はしかに感染した幼児の数や割合の減少
効率性（efficiency）	インプットとアウトプット・アウトカムの関連性	予防接種された幼児一人当たりのコスト（インプット－アウトプット）はしかに感染した幼児の減少数当たりのコスト（インプット－アウトカム）
有効性（effectiveness）	実績とサービス業績目標の関連性	人員やコストが当初の計画よりも抑えられたか（実績－インプット）当初に計画した人数に予防接種を実施できたか（実績－アウトプット）はしかに感染する幼児を当初の計画どおりに減らせたか（実績－アウトカム）

出所：筆者作成

Column　公共サービス（社会的価値）法

　イギリスではNPMのもとで市場主義や競争原理が過度に進んだことにより，国際資本や大企業が公共サービス市場を占有し，地域の事業者や慈善団体などの活動を阻害しているという批判が生じた。そこで，2013年に公共サービス（社会的価値）法（Public Services（Social Value）Act）が施行されて，国や地方自治体などが公共調達を行う際には地元企業や地域雇用に配慮するなど，社会的・経済的・環境的な価値を尊重することが求められるようになった。

　この法は強制力をもつものではなく，また社会的価値の内容についても明確な定義がなく理念的なものにとどまっていたが，政府が公共サービスにおける社会的価値の重要性を公に表明したことは公的部門の意識に大きな影響を与えた。そして，2018年にはさらに踏み込んで，中央政府が主要な契約を結ぶ際には社会的インパクトを測定して報告することが求められるようになった。

　内閣府（2016, p.2）によれば，社会的インパクトとは「短期，長期の変化を含め，当該事業や活動の結果として生じた社会的，環境的なアウトカム」と定義されている。このとき，アウトカムとは活動によってもたらされた直接的な成果であるのに対して，インパクトは社会に生じたより中長期的な変化を意味している。したがって，公共サービスによって誰に，どのような「変化」が生じたのかということを測定することが，証拠にもとづく政策決定（EBPM）につながると考えられている。

〈参考文献〉

兼村高文（2019）「公共経営（NPM）による地方行革の四半世紀を振り返る―日英比較をとおして」『地方財政レポート2018 経済・財政・社会保障のこれまでとこれから』地方自治総合研究所，pp.75-86。

企業会計基準委員会（2006）「討議資料 財務報告の概念フレームワーク」。

小林麻里・柴健次（2013）「公共経営の変容と会計の機能」『会計検査研究』47, pp.217-228。

内閣府（2016）「社会的インパクト評価の推進に向けて―社会的課題解決に向けた社会的インパクト評価の基本的概念と今後の対応策について」社会的インパクト評価検討ワーキング・グループ。

松尾亮爾（2017）「ニュー・パブリック・ガバナンスがもたらす価値創造の変革―わが国地方自治体における事務事業形成の再構築」『関西学院大学ビジネス＆アカウンティングレビュー』20, pp.89-108。

IFRS財団編（2014）『国際財務報告基準（IFRS）2015』中央経済社（企業会計基準委員会・公益財団法人財務会計基準機構訳）。

IPSASB (2014) "The Conceptual Framework for General Purpose Financial Reporting by Public Sector Entities". (日本公認会計士協会公会計委員会仮訳 (2014)「公的部門の主体による一般目的財務報告の概念フレームワーク」)。

Osborne, S. P., Radnor, Z., Kinder, T. and Vidal, I., (2015) "The Service Framework: A Public Service Dominant Approach to Sustainable Public Services", *British Journal of Management*, 26(3), pp.424-438.

地方公会計の統一的な基準が2016年度決算から導入されて，財務書類をつくることから使うことへと関心が広がっている。公会計情報をうまく活用できれば，公共施設等を効果的・効率的に管理したり，予算編成や行政評価に活用したりすることも可能になる。しかし，その一方で形式的に財務書類を作成するにとどまっている地方自治体も少なくなく，公会計情報の有用性が十分に認識されていない部分もある。

しかしながら，少子高齢化による人口減少や公共施設等の老朽化が進むなかで，限られた財源を適切に配分するとともに，住民や議員といった利害関係者からの理解を得るためには，公会計情報をうまく活用することが期待される。この点について，わが国では実務的な取組みが始まったばかりであり，全国の地方自治体において試行錯誤がなされているところである。

1 財務書類等の活用状況

わが国の公会計については，過去に総務省方式改訂モデルや基準モデル，東京都方式，大阪府方式など複数の財務書類の作成基準が存在しており，公会計情報の活用についても地方自治体の間で大きな差異を生じている状況であった。しかし，2014年4月に総務省から「今後の新地方公会計の推進に関する研究会報告書」が公表され，2016年度決算から統一的な基準にもとづく財務書類の作成が要請されたことにより，共通した公会計情報をベースとしてその活用方法を検討することが可能になった。

しかしながら，総務省（2021）によれば，2019年度の決算については作成中

も含めて98.1％の地方自治体が統一的な基準にもとづく一般会計等の財務書類を作成しており，公会計情報を各種指標の分析に活用した団体が53.9％あったものの，財務書類の要約版などを住民への説明資料として作成した団体は26.8％，決算審査の補足資料とするなど議会に対する説明資料として活用した団体は12.2％，公共施設等総合管理計画または個別施設計画の策定や改定に活用した団体は11.8％，施設別・事業別の行政コスト計算書等の財務書類を作成した団体は4.8％にとどまっており，現状では公会計情報が十分に活用されているとはいえない。

公会計情報の活用が進まない背景として，公的部門は従来から予算制度を前提とする管理を行っており，単式簿記・現金主義会計にもとづく資金収支情報があれば十分であると考えられてきた。そのため，手間やコストをかけて複式簿記・発生主義会計にもとづく公会計情報を作成しても，公共経営に活用するインセンティブを欠いており，議員や行政職員，住民などの関心が高まっていないという状況がある。

ただし，公会計においても財務会計および管理会計の側面から情報を活用することができるという点は企業会計と同様である。一般的に，**財務会計**は法令や制度などに従って組織外部の利害関係者に報告するための会計であり，外部報告会計ともよばれる。それに対して，**管理会計**は経営の意思決定に使えるように組織内部の経営者等に報告するための会計であり，内部報告会計ともよばれる。地方自治体においても，アカウンタビリティを果たすために住民などの利害関係者に報告する場合は財務会計に相当し，首長や部局長などの内部関係者に報告する場合は管理会計に相当する。

総務省（2014，p.4）によれば，地方公会計を整備することによって発生主義会計にもとづくストック情報やフロー情報を総体的・一覧的に把握できるようになるため，現金主義会計にもとづく従来からの官庁会計を補完することができる。そして，公会計情報を中長期的な財政運営に活用するとともに，住民や議会等に対して財務情報をわかりやすく開示したり，資産・債務管理や予算編成，あるいは行政評価等に活用したり，財政の効率化・適正化を図ったりすることに用いることが考えられる。

2 ｜ 財務指標分析

　公会計情報の活用方法として，財務指標を算定することは比較的容易であるため，多くの地方自治体によって実施されている。ただし，公的部門と民間企業では資産や負債，収入や費用の意味合いが異なるため，算定式が似ている財務指標であっても読み取り方が異なる場合もある。

　また，事業別や施設別の財務書類等を作成していない場合，団体全体の財務指標を分析しても概括的な財政状況しか把握できず，具体的なマネジメントにあまり活用できていないことも考えられる。そして，団体によっては過去に取得した資産の金額情報が把握できないため1円評価がなされていたり，将来的に地方交付税によって元利償還金相当額を措置するとされている臨時財政対策債が負債に計上されていたりするなど，財務指標を他団体と比較する場合には注意が必要とされている。

　公的部門の財務指標について，標準化されたものがあるわけではないが，代表的な指標を示すと**図表8-1**のように示される。地方自治体ではインフラ等の固定資産を多く保有しており，それらの維持更新にかかるコスト負担も大きいことから資産管理に関する財務指標が重視されている。

　また，短期的あるいは中長期的な財政健全性を確保するために，安全性や財政持続性に関する財務指標も非常に重要となる。さらに，住民や議員などにとっては公共サービスの効率性や継続性を確保できるように，サービス提供能力に関する財務指標にも関心があると考えられる。以下，個々の財務指標について説明する。

　第一に，資産管理に関する財務指標をみると，市民1人当たり資産額は住民1人当たりの資産形成度を表すものであり，住民等にとって利用できる資産規模がわかりやすく示されるとともに，ほかの地方自治体との比較も容易となると考えられる。また，歳入総額対資産比率は歳入総額に対する資産の割合であり，これらの指標を分析することによって，住民が利用できるインフラや公共施設等がどれくらい蓄積されているかを判断することができる。

　さらに，有形固定資産減価償却率は償却資産（建物・工作物等）の取得価額

図表8-1　地方自治体の財務指標

財務指標		算定式
資産管理	市民1人当たり資産額	資産合計÷住民基本台帳人口
	歳入総額対資産比率	資産合計÷歳入総額（%）
	有形固定資産減価償却率	減価償却累計額÷（有形固定資産合計－土地等の非償却資産＋減価償却累計額）（%）
	減価償却累計額対基金残高比率	基金残高（減債基金を除く）÷減価償却累計額（%）
	減価償却費対維持補修費・資本的支出比率	（維持補修費＋資本的支出）÷減価償却費（%）
	有形固定資産取得原価対維持補修費・資本的支出比率	（維持補修費＋資本的支出）÷償却資産の取得原価（%）
安全性	流動比率	流動資産÷流動負債（%）
	平均回収期間	（長期延滞債権＋未収金）÷（収益＋税収等）×365（日）
	基礎的財政収支	業務活動収支（支払利息支出を除く）＋投資活動収支（基金積立金支出および基金取崩収入を除く）
	フリーキャッシュフロー	業務活動収支＋投資活動収支（基金積立金支出および基金取崩収入を除く）
財政持続性	市民1人当たり本年度差額	本年度差額÷住民基本台帳人口
	純資産比率	純資産÷資産合計（%）
	社会資本形成将来世代負担比率	地方債残高（臨時財政対策債等を除く）÷有形・無形固定資産合計（%）
	市民1人当たり負債額	負債合計÷住民基本台帳人口
	歳入総額対純負債比率	（負債合計－財政調整基金および減債基金）÷歳入総額（%）
	自主財源対純負債比率	（負債合計－財政調整基金および減債基金）÷自主財源（%）
	債務償還可能年数	（地方債残高＋未払金（長期・短期）＋損失補償等引当金＋退職手当引当金－財政調整基金および減債基金）÷（業務収入－業務支出）（年）
サービス提供能力	市民1人当たり純行政コスト	純行政コスト÷住民基本台帳人口
	自主財源比率	自主財源÷総収入（%）
	受益者負担比率	経常収益÷経常費用（%）
	経常収益・財源対経常費用比率	経常費用÷（経常収益＋財源（税収等および国県補助金等））（%）
	経常収益・財源対本年度差額比率	本年度差額÷（経常収益＋財源（税収等および国県補助金等））（%）

出所：馬場ほか（2020）より抜粋

　に対する減価償却累計額の割合であり，耐用年数に対して固定資産がどれくらい老朽化しているかを概括的に把握できる。また，減価償却累計額対基金残高比率は減価償却費が将来の公共施設等の更新費用の概算額を意味すると仮定し

た場合に，その累計額に対して公共施設等の整備の原資となる基金残高が十分に積み立てられているかどうかを示している。それに加えて，減価償却費対維持補修費・資本的支出比率や有形固定資産取得原価対維持補修費・資本的支出比率を分析することにより，固定資産の維持管理費や更新費用に財源が十分に充てられているかどうかを判断することができる。

　第二に，安全性に関する財務指標をみるとストック情報から得られる指標として，流動比率は流動負債に対する流動資産の割合であり，企業会計の場合と同様に短期的な支払能力を示している。また，平均回収期間は収益および税収等を回収するまでに平均的に何日要するかを示しており，未収債権の残高水準の目安となる。

　それに対して，フロー情報から得られる指標として，**基礎的財政収支**は歳入から地方債等の発行による収入を除いた金額と，歳出から地方債等の元利償還額を除いた金額との差額であり，一会計年度における概算的な収支バランスを表している。また，フリーキャッシュフローは統一的な基準にもとづく資金収支計算書において，財政活動収支の部分を除いた資金収支のバランスを表している。したがって，これらのフロー指標がプラスであれば，当該年度の支出や経費が地方債などに頼らずに，税収等の収入によっておおむねまかなわれていることを意味するが，マイナスになる場合は当期の負担が次年度以降に先送りされていることになる。

　第三に，財政持続性に関する財務指標をみると，市民1人当たりの本年度差額は一会計年度における住民1人当たりの収支差額を表すものであるが，収入を住民の負担，支出を住民の受益と考えれば，**本年度差額**は受益と負担のバランス，すなわち当年度における世代間負担の**期間衡平性**を表すと考えられる。また，純資産比率は資産総額に占める純資産の割合であり，この比率が低ければ将来世代が負担すべき負債により資産が形成されており，高ければ現在世代が自らの負担によって資産を形成してきたということになる。そして，社会資本形成将来世代負担比率はこれまでに形成された公共資産に対して，どれくらい将来世代の負担となる負債が残っているかを示している。

　さらに，市民1人当たり負債額は住民1人当たりの債務負担額を表すものであり，住民等にとって将来負担すべき負債額がわかりやすく示されるとともに，

ほかの地方自治体との比較も容易となると考えられる。また，歳入総額対純負債比率や自主財源対純負債比率は財源に対する負債の割合を示しているが，分子については実質的な債務負担能力を表すために，負債総額から負債返済に充当可能な財政調整基金および減債基金を控除した純負債を用いて計算を行う。そして，債務償還可能年数は債務償還等に充てられる財源すべてを債務償還等に充当したと仮定する場合に，何年で現在の債務を償還できるかを表しており，この年数が短いほど債務償還能力が高いことになる。

　第四に，サービス提供能力に関する財務指標をみると，市民1人当たり純行政コストは住民1人当たりに要した行政コストを表すものであり，行政サービスの効率性がわかりやすく示されるとともに，ほかの地方自治体との比較も容易となると考えられる。なお，人件費，物件費等，その他の業務費用，移転費用など，行政コストの費目別に1人当たりコストを計算することも有用である。

　さらに，財源の自律性について分析すると，自主財源比率や受益者負担比率は財源のどの程度が自由度の高い収入によってまかなわれたかを示している。特に，受益者負担比率を事業別や施設別に把握することによって，施設使用料等の適正化にもつなげることができる。また，経常収益・財源対経常費用比率は当年度の経常収益および税収等や国県補助金等の財源のうち，経常費用にどの程度が充当されたかを示しており，この比率が高いほど投資的な支出に充当するための財源に余裕がないと考えられる。そして，経常収益・財源対本年度差額比率は本年度差額が経常収益および税収等や国県補助金等の財源に占める割合であり，経常的な収入によってどの程度の余剰あるいは欠損が生じているか分析することにより，税収や国等からの補助金を含めた広義での受益と負担の均衡度を把握することができる。

3 ｜ 資産管理とセグメント分析

　総務省が公表する地方公会計のマニュアル（総務省 2019a，p.337）には，公会計情報についてマクロ的な視点からは適切な資産管理に，ミクロ的な視点からは事業別・施設別のセグメント分析に活用できると解説されており，さら

には先進的な地方自治体における具体的な活用事例が紹介されている。

　たとえば，資産管理について統一的な基準では，固定資産台帳や債権管理台帳を整備して財務書類と整合させることが求められている。そして，このように整備した資産台帳のデータを施設営繕や債権徴収に利用することにより，固定資産や債権に関する管理の適正化につなげることができる。**図表 8 - 2**に示した稲城市の事例では，固定資産台帳のデータを活用することによって公共施設等を更新するタイミングを把握したり，施設の統廃合や長寿命化を検討したりする判断材料として用いられている。

図表 8 - 2　施設管理への公会計情報の活用事例

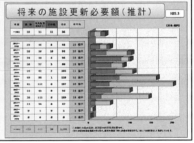

出所：総務省（2019a, p.351）

　また，従来の官庁会計では時効の成立などによって債権が回収不能となった場合，当該年度において不納欠損処理されることになるが，発生主義会計にもとづく統一的な基準によれば，実際に回収不能となる前に貸倒引当金を計上することによって将来の貸倒リスクを明示するとともに，債権管理の適正化に対する行政職員の意識改革に役立てることができる。

　さらに，事業別・施設別のセグメント分析については，財務書類を事業別あるいは施設別に作成し，人件費や物件費といった予算に計上されている支出だけでなく，減価償却費や退職手当引当金繰入額といった発生主義会計によるコストも事業別・施設別の財務書類に配賦計算することによって，セグメント別のフルコスト情報を把握することができる。

　このとき把握されたフルコスト情報は，財務指標だけでなく非財務的な成果指標とも組み合わせることによって，事業あるいは施設の評価に活用することが可能になる。**図表8-3**に示した浜松市の事例では，図書館について行政評価を実施する際にフルコスト情報を貸出利用者数や貸出冊数などの成果指標と組み合わせることにより，貸出利用者1人当たりコストや貸出1冊当たりコストを算定して予算編成にも活用している。さらには，これらのフルコスト情報を詳細に分析することにより，事業委託や指定管理などのアウトソーシングを検討する際の判断材料にしたり，施設使用料の算定根拠として受益者負担の適正化を図ったりすることに用いることも考えられる。

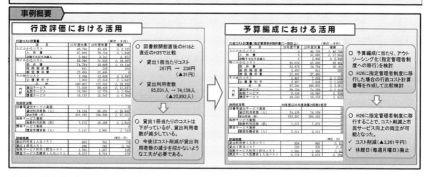

図表8-3 行政評価への公会計情報の活用事例

出所：総務省（2019a, p.355）

4 ┃ 公会計情報活用への課題

　地方自治体はホームページや広報誌などによって財務書類の公表に努めており，いまだ住民の関心は高まっているとはいえないが，住民にとってわかりやすい公会計情報を提供できるように試行錯誤しているところである。

　また，住民の代表によって構成される議会や行政実務を執行する首長および役所にとって，公会計情報の重要性は今後高まっていくと考えられるが，現状では歳入歳出決算書に対して議会の承認を受ける際に，地方公会計にもとづく財務書類を提出することが法令等によって義務化されているわけではない。しかし，東京都の町田市や福生市のように，地方自治法の第233条に定められている「主要な施策の成果を説明する書類」に公会計情報にもとづく事業別のフルコスト情報やストック情報を記載することにより，議会での審議に活用する団体も現れている。

　さらに，諸外国では地方債の市場公募や銀行等引受けの際に公的部門の財務書類等が活用されているが，わが国では地方債に対して国による実質的な債務保証がなされているともいわれるため，地方自治体の財務状況が地方債の公募や貸付けの条件に影響することはあまり考えられない。しかし，近年では小規模ながら住民参加型市場公募地方債なども発行されるようになっているため，将来的には地方債のIR情報として財務書類等が活用されるようになっていくことも考えられる。

　ただし，現状では公会計情報はあくまでも参考資料であり，歳入歳出決算書とは異なり法令等によって位置づけが明確にされているわけではない。したがって，地方自治体では官庁会計にもとづく予算・決算制度を基礎としながら，それに付随する総合計画や公共施設等総合管理計画，あるいは行政評価といった公共経営を支える様々な既存のシステムが存在している状態であり，そのなかに地方公会計のシステムをどのように組み込んで，いかに公会計情報を活用していくかということについては，多くの地方自治体が試行錯誤をしているところである。

98

Column 官庁会計と公会計の対応関係

　官庁会計にもとづく予算および決算は，地方自治法の第216条および地方自治法施行令の第150条第1条第3号の定めにより「款・項・目・節」の体系からなっている。そのため，地方自治体が統一的な基準にもとづく複式簿記の会計処理を行うには，公会計による事業区分あるいは勘定科目と対応させられるように予算体系を見直すとともに，複数の事業区分にまたがって予算計上されてきた人件費などに関しても事業別に割り振ることが必要になる。

　たとえば，町田市では公会計を導入するにあたって，財務書類の作成基礎単位となる組織（課）に予算体系（目）を一致させるとともに（一課一目），複数の課に共通する人件費などの事業費を各課に配賦することにより，現行の予算・決算制度のなかに無理なく公会計を組み込んでいる。また，一部の地方自治体では予算科目に細節などを設けて，公会計の勘定科目と予算科目を一対一で対応させることにより自動的に仕訳変換を行っている。

◎現在の歳出目

> 1つの歳出目に様々な課の事業費が含まれており，また人件費は他の歳出目の経費も含まれているため，歳出単位の財務諸表を作成しても，課（事業）のパフォーマンスを示すものとはならない。

款	項	目	計上内容
民生費			
	社会福祉費		
		社会福祉総務費	職員人件費 **（他目の人件費も計上）**
			福祉総務事務費（福祉総務課）
			福祉のまちづくり推進費（福祉総務課）
			障がい福祉事務費（障がい福祉課）
			生活援護事務費（生活援護課）

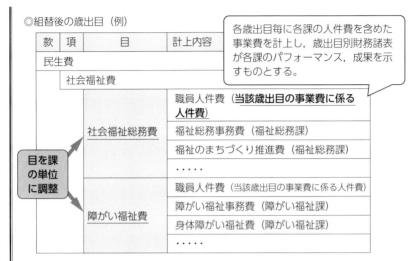

◎組替後の歳出目（例）

款	項	目	計上内容
民生費			
	社会福祉費		
		社会福祉総務費	職員人件費（**当該歳出目の事業費に係る人件費**）
			福祉総務事務費（福祉総務課）
			福祉のまちづくり推進費（福祉総務課）
			・・・・・
		障がい福祉費	職員人件費（当該歳出目の事業費に係る人件費）
			障がい福祉事務費（障がい福祉課）
			身体障がい福祉費（障がい福祉課）
			・・・・・

各歳出目毎に各課の人件費を含めた事業費を計上し，歳出目別財務諸表が各課のパフォーマンス，成果を示すものとする。

目を課の単位に調整

出所：町田市（2011, p.11）

　ただし，予算科目の歳出に係る節は1963年に国が定めてから，一部を除いて変更されていない。この予算科目については，固定資産に係る修繕費と資本的支出が区別されない，あるいは債務償還に係る元本と利息が一緒に計上されているなどの要因から，多くの地方自治体では予算科目から公会計への組換えを行う際に複雑な処理が必要となっている。したがって，将来的には予算科目そのものを見直すことにより，予算制度と公会計との整合性を確保できるようにすることが望ましいと考えられる。

〈参考文献〉

総務省（2014）「今後の新地方公会計の推進に関する研究会報告書」。

総務省（2018）「地方公会計の活用の促進に関する研究会報告書」。

総務省（2019a）「統一的な基準による地方公会計マニュアル（令和元年8月改訂）」。

総務省（2019b）「地方公会計の推進に関する研究会報告書（平成30年度）」。

総務省（2020）「地方公会計の推進に関する研究会報告書（令和元年度）」。

総務省（2021）「統一的な基準による財務書類の作成状況等に関する調査（令和3年3月31日時点）」。

馬場英朗・横田慎一・保木本薫（2020）「公共経営における財務指標活用の可能性—吹田市のケースからみた公会計情報の有用性検証」『関西大学商学論集』65(1), pp.45-58。

町田市（2011）「町田市の新公会計制度」。

第9章	公共施設等マネジメント

　少子高齢化にともなって地方自治体の財政負担が増大しているにもかかわらず，高度成長期に建設された公共施設等の老朽化が急速に進んでおり，公共資産の維持更新費用をどのように確保するかということが重大な課題となっている。2012年12月に起きた笹子トンネル天井板落下事故では，日本道路公団などが民営化されて特殊法人となった中日本高速道路が管理する中央自動車道で，走行中の自動車3台が100メートル以上にわたって崩れ落ちたコンクリート板の下敷きとなり9名の人命が失われた。

　インフラ等の維持管理は人びとの生活や生命に直結するため，計画的に維持更新や統廃合を進めることが持続可能な地域社会を構築するうえで不可欠である。たとえば，青森県は2007年3月に「青森県県有施設利活用方針」を策定するなど，ファシリティマネジメントやアセットマネジメントの手法を公共施設等の管理に導入している。そして，2014年からは総務省からすべての地方自治体に対して，公共施設等総合管理計画を策定することが要請されている。

1 公共施設等マネジメントの必要性

　わが国の人口は2006年をピークに減少傾向に入り，2015年国勢調査における1億2,709万人から2065年には8,808万人に減少し，65歳以上の高齢者も26.6％から38.4％に上昇すると推計されている（国立社会保障・人口問題研究所 2017）。人口が減少すると，公共サービスの財源となる歳入が減少したり，これまで建設してきた公共施設等に余剰や遊休が生じたりするという問題が起こる。現在でも少子化が進む地域において，空き教室が増えているために学校の統廃合が

進められている。

　そして，人口減少だけでなく社会環境の変化によっても，公共サービスに対する住民のニーズは絶えず変化している。女性の社会進出にともない，少子化のなかでも待機児童問題が発生して保育施設の需要は増大しているが，その一方で原則として10時から14時までしか預けられない幼稚園の需要が伸びず，定員割れの幼稚園が散見されるというミスマッチが生じている。さらには，公立の保育園に対するニーズは高いにもかかわらず，民営化を行って地方自治体が保育園の管理運営から撤退するということも珍しくない。

　わが国は戦後の人口増加や高度経済成長にともなう公共サービス需要の増大に対応するため，1960年代から1970年代にかけて学校等の教育施設や公営住宅，道路，水道，下水道などの身の回りの公共施設等を急速に整備してきた。そして，バブル崩壊後の景気対策としてもそれらの整備は続けられ，公共施設等の総量はこれまで一貫して増大している。

　しかしながら，「減価償却資産の耐用年数等に関する省令」によると，建物の耐用年数（いわゆる法定耐用年数）は鉄筋コンクリート造の事務所の場合でも50年とされている。また，FM推進連絡協議会編（2018，p.68）によると，公共施設の建設プロジェクトでは60年程度を目標耐用年数とすることが妥当であるとしている。したがって，公共施設等の建替え時期は2020年から2030年ごろにピークを迎えることになる。

　それに対して，従来から公共施設等の建設は単年度主義による予算制度のもとで議会等が監視してきたが，維持管理を含めたライフサイクルコストは十分に考慮されない状況があった。その一因として，選挙制度によって選ばれる首長や議員は地域への公共施設等の誘致に積極的な傾向があり，実務を担当する行政職員も4年ほどで担当部署を異動することから，国からの補助金や交付金を受けて公共施設等を建設することには熱心であっても，その後の維持管理について誰が責任を負うのかということは不明確になっていた。

　さらに，公共施設等の場合には災害対策も重要になる。2016年4月の熊本地震では，熊本県宇土市で災害対応の拠点とすべき本庁舎が損壊したため，災害対策本部を仮テントや体育館に設営することになり多大な苦労と困難が生じた。また，生活に必要なインフラを維持するためには，水道管や下水道管について

も災害に備えておく必要がある。そのほかにも2019年の東日本台風（第19号）では，市町村庁舎や医療施設等の重要施設に浸水被害が発生しており，水害にも警戒することが求められている。しかしながら，災害大国であるわが国では十分な対策がとられていない公共施設等が多く存在しており，限られた財源のなかでどのように維持管理していくかということが大きな課題となっている。

2 公共施設等総合管理計画

　老朽化や災害への対策を含めて，公共施設等の維持更新を行うためには相当の財源が必要になる。しかし，**図表9-1**に示すように地方財政に係る歳出は定員管理等により人件費を抑えているものの，高齢化の進行などにより**扶助費**等の**義務的経費**が増加しており，結果として**投資的経費**に充てられる財源が著しく不足する状況にある。そのため，1989年度では投資的経費が歳出総額の29.1％を占めていたのに対して，2018年度には16.1％へと低下している。

　その結果として，総務省（2012, p.2）による調査では回答のあった市区町村111団体の加重平均値として，耐用年数までに10年未満あるいは耐用年数を超えている公共施設が約4割となっている。そして，今後40年間に必要となる1年当たりの更新費用が，直近1年当たりの更新費用に新規設備費用を加えた額を超えると予想されており，現状の投資的経費をすべて更新費用に充てたとしても，新規投資どころか現状の公共施設等を維持することすら容易ではない状況が見込まれている。

図表 9-1　地方財政計画における歳出の推移

凡例：■人件費　▨扶助費　▤公債費　▧投資的経費　▢その他　━歳出合計

出所：総務省（ウェブサイト）をもとに筆者作成

　このような状況下において，国は「経済財政運営と改革の基本方針―脱デフレ・経済再生」（2013年6月閣議決定）を公表し，公共施設等を「新しく造る」から「賢く使う」という方針を示すとともに，公共施設等の戦略的な維持更新を目的としてインフラ長寿命化基本計画を策定した。この基本計画では，①既存の公共施設等の老朽化対策や災害対策を行い，安全で強靱なインフラシステムを構築する，②総合的・一体的なインフラマネジメント実現によるコストの縮減や予算の平準化を図る，③メンテナンス産業によるインフラビジネスの競争力を強化するということが示されており，各省庁および地方自治体に対して具体的な行動計画を策定することが求められている。

　そして，2014年4月には総務省より「公共施設等の総合的かつ計画的な管理の推進について」が通知され，すべての地方自治体に公共施設等の管理方針などに関する公共施設等総合管理計画を策定することが要請された。その対象はいわゆるハコモノなどの施設だけでなく，道路・橋りょうなどの土木構造物，廃棄物処理場や斎場，汚水処理場などのプラント系施設や，公営企業が保有する上下水道などが例示されており，公共施設にインフラ資産を加えた「公共施

設等」が含まれている。なお，総合管理計画は将来30年ほどの人口動向や，中長期的な維持更新などの財源等を見通しながら策定することが求められており，公共施設等の削減目標も可能な限り設けることとされている。

　さらに，総合管理計画では計画策定後のフォローアップを行うなど，PDCAサイクルの体制を整えることも求められている。従来から公共施設等の管理は大きな不具合が生じてから修繕や更新をする**事後保全**がなされることが多く，計画的に**予防保全**をして長寿命化を図るという視点に欠ける傾向があった。また，予算制度にもとづく縦割り行政のもとで，地域社会のニーズをとらえて横断的に統廃合や多機能化をすることが難しい状況があった。さらに，近年では誰にでも使いやすいように，バリアフリーやユニバーサルデザインなどの視点も必要とされている。

　ただし，公共施設等の統廃合を行う際に首長や議会，住民などは総量を減ら

図表9-2　公共施設等の評価項目

評価項目		評価の考え方
サービス	①設置目的	施設を設置する根拠となる法律や条例で定められた設置目的が，現在の施設の運営状況と合致しているか
	②代替性	民間施設も含めて，利用実態が類似している施設があるか
	③地域性	施設設置時に想定した利用圏域と実態がかい離していないか
	④利用状況	利用率・延床面積当たりの利用者数など
	⑤施設状況	施設全体の規模や状態（仕様・性能等）が利用に適しているか
品質	⑥耐震性能	耐震化の実施状況
	⑦バリアフリー	施設誘導，出入口，施設内移動（車椅子対応エレベーター），トイレ等の整備状況
	⑧築年数・保全状況	建築物の経過年数，屋根・外壁の建設時（または前回更新時）からの経過年数
コスト	⑨維持管理費	修繕費や光熱水費，あるいは減価償却費など毎年発生する維持管理費の状況（維持管理費÷延床面積）
	⑩事業運営費	人件費や物件費など毎年発生する事業運営費の状況（事業運営費÷利用者数等）

出所：吹田市（2021，p.24）に加筆修正

すことには賛成しても，自分たちの地域の個別施設がなくなることには合意できないという総論賛成・各論反対の状況が生じやすい。従来，わが国ではこのような場合，住民や議員等の理解を得ることを優先して折衷的な解決策が選ばれることが多かったが，財政難や少子高齢化が急速に進む現状では厳しい判断も必要となる。そこで，公共施設等総合管理計画を個別施設計画へと落とし込み，**図表 9 - 2** に示すように個々の施設の状態や果たしている役割，利用状況あるいは維持運営コストなどを評価することにより，公共施設等の評価における優先順位を明確化していくことが求められている。

3 ｜ ライフサイクルコスト

ライフサイクルコスト（LCC）とは，公共施設等の設計や建設に係る初期投資だけでなく，維持管理や運用に関するすべてのファシリティコスト（運営・保守・点検・修繕・光熱水費・清掃・警備・保険・環境保全など），あるいは解体や除却の費用も含めた公共施設等の保有期間全体にわたるトータルコストを意味している。

一定の経済的耐用年数を経過した公共施設等は，修繕費が高騰するとともに事故が発生する可能性も高まる。そのため，公共施設等の品質を確保しながらライフサイクルコストが最適化されるように維持更新計画を策定することが理想的であるが，予算が十分にない地方自治体では単年度でみた予算支出額を抑えるために，設備等を新しく更新したり，計画的に修繕したりするのではなく，必要最小限の修理を繰り返しながらだましだまし使っているのが実情である。

一般的にライフサイクルコストは，建設費の約 4 ～ 5 倍かかるといわれているが，FM推進連絡協議会編（2018，pp.48-49）によると100年使えるような優良なオフィスビルのケースでは，初期投資額を100としたとき設備管理・清掃・警備費などに271，光熱水費に144，税金・保険に130，計画的な保全に143，解体に10の費用がかかると予想されており，ライフサイクルコストは799になるということである。そして，イタリアの経済学者ヴィルフレド・パレートが1987年に提唱したパレートの法則にたとえられるように，ライフサイクルコス

トは基本設計の時点で8割程度が決まってしまうといわれている。

　地方自治体が公共施設やインフラを整備する際には，国庫補助金や都道府県補助金，地方交付税などを通じた財源措置があるため，経費の2分の1あるいは3分の1などを負担することにより公共工事を行うことができる。また，防災や経済，過疎などへの対策を目的として，国などからの交付額が優遇される仕組みも設けられている。

　ただし，国などによるこれらの交付は一般的に新設時のみに適用されており，その後の維持更新費用は地方自治体の負担となる。これまで地方自治体では，公共施設等を取り巻く意思決定は新設時の建設費用であるイニシャルコストを中心に議論してきた経緯があり，将来の維持管理や更新を含めたライフサイクルコストの検討が十分に行われてこなかった。そのため，人口構成の変化による施設利用率の低下や老朽化にともなって，高度成長期やバブル期に建設された公共施設等の維持補修費が，現在になり地方自治体の経常的経費として重い負担となっている。

　そして，予算制度を基礎とする官庁会計では，当初の投資支出額を何らかの財源によりまかない，それにともなって発行される地方債の償還が可能であるならば，費用対効果が不明確であっても公共投資への歯止めがかかりにくいという構造的な課題があった。しかし，図表9-3に示すように地方債およびその利息，あるいは公共施設等の維持管理などに要する費用は将来の納税者が負担することになるため，ライフサイクルコストを考慮しながら公共施設等の管理計画を策定することが必要になっている。

図表9-3 ライフサイクルコストの負担関係

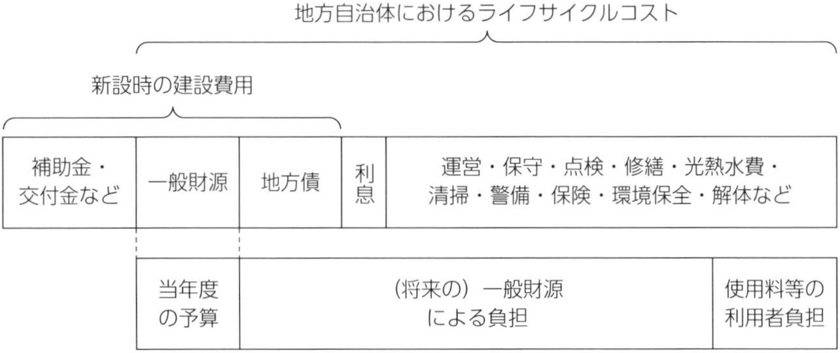

出所:上鶴(2021, p.28)に加筆修正して作成

4 固定資産台帳の活用

　複式簿記を前提とする統一的な基準にもとづく地方公会計では，固定資産台帳を整備することが求められている。固定資産台帳は固定資産を管理するために用いられる補助簿であり，**図表9-4**に例示するように件名(道路，公園，校舎，公民館，電気設備など)ごとに取得価額や耐用年数，減価償却累計額，期末帳簿価額などが記録されている。

　従来の官庁会計においても，地方自治法に規定する公有財産を管理するための公有財産台帳や，道路台帳・公園台帳・学校施設台帳などの**法定台帳**が整備されてきた。ただし，これらの台帳には財産の運用管理と現状把握を目的として数量面の記録は整備されているが，取得価額に関する情報はほとんど残されていなかった。その結果として，予算制度のもとで取得時の支出記録は厳格に作成され，その後は担当部局が現物の管理を行っているものの，個々の資産残高と現物が照合されないために財産の登録漏れが生じたり，除却などが行われても公有財産台帳に反映されなかったりという事態が少なからず起こっていた。

　それに対して，固定資産台帳は個々の固定資産について，取得から除売却処分にいたるまでの経緯を記録する帳簿であり，地方自治体が所有するすべての

固定資産に関する取得価額や耐用年数などが網羅的に記載されている。

　そのため，固定資産台帳をうまく活用することにより，維持管理コストの見通しについて試算したり，将来的に更新すべき固定資産を把握したりするための情報を得ることができる。また，公共施設等の老朽化などに関しても，前章で示した財務指標等を用いて「見える化」することにより，行政内部だけでなく議会や住民からの関心を高めて課題を共有することが期待されている。

　さらに，固定資産台帳から得られるデータを総合管理計画や個別施設計画に反映させることにより，計画的に公共施設等を新規建設あるいは更新投資して更新時期を平準化したり，最適なライフサイクルコストを試算したり，統廃合に関する議論をするための基礎情報を得たりするのに用いることができる。

　ただし，現状ではシステム上の制約から過去の修繕履歴が把握できなかったり，修繕費と資本的支出の区分がうまくできなかったりという課題が生じている。また，法定耐用年数を用いていることから，物的な利用限界である**物理的耐用年数**や維持管理費等を考慮した**経済的耐用年数**とかい離して合理的な判断が損なわれてしまう可能性があるため，先進的な地方自治体では建築物保全システムと固定資産台帳との連携が進められている。

図表9-4　固定資産台帳の記載例

番号	勘定科目	件名	耐用年数	取得年月日	供用開始年月日	取得価額等	期末帳簿価額	用途	稼働年数	目的別資産区分	減価償却累計額	財産区分
20101	建物	○○小学校××校舎	50	1978年3月31日	1978年4月1日	1,000,000	160,000	小学校	42	学校施設	840,000	行政財産
20102	建物附属設備	○○小学校××校舎受変電設備	15	2012年3月31日	2012年4月1日	300,000	140,000	小学校	8	学校施設	160,000	行政財産

出所：筆者作成

Column　固定資産台帳がなぜ重要か？

　一般的に固定資産の取引について，財務会計と管理台帳がそれぞれのシステムにおいて別々に入力される場合，入力担当者間の連携に不備が生じると登録内容に差異が生じる。このような差異が生じる原因は，資産の種類や金額の入

110

力誤りといった単純ミスから，修繕工事に関する資産と費用の区分違いといった専門的な判断を要するものまで多岐にわたる。

　多数かつ複雑な固定資産を保有する地方自治体において，固定資産情報の登録を長期間にわたって漏れなく正確に行い続けることは容易ではない。所有者不明の土地などは取得価額どころか権利関係でさえ不明確な場合もあり，また国や都道府県などから移管される固定資産などもある。独自の公会計制度を導入するにあたって，東京都が2007年ごろに公有資産台帳に関する登録データを確認したところ，財務会計システムと管理台帳システムとの間に多数の不一致が発見されたり，固定資産として登録すべきものが費用処理されてしまったりという事例が多数発見されている。

　予算制度において単式簿記・現金主義会計は重要な役割を果たしているが，入出金記録だけでは資産や負債に関する残高と現物を照合することができないため，会計情報の検証可能性が損なわれるという問題がある。複式簿記・発生主義会計を導入してフロー情報（財務会計システム）とストック情報（資産管理システム）を突き合わせることにより，適切な財産管理を行って会計上の誤りを適時に発見するとともに，不正行為を防止して組織全体の内部統制を高めるという役割を期待することができる。

〈参考文献〉

青森県（2019）「青森県公共施設等総合管理方針―次世代への価値ある施設の継承のために」。
上鶴久恵（2021）「地方自治体の現場から見た公会計」政府会計学会西日本部会　第23回研究会報告資料。
国立社会保障・人口問題研究所（2017）「日本の将来推計人口（平成29年推計）」。
吹田市（2021）「吹田市公共施設（一般建築物）個別施設計画」。
総務省（2012）「公共施設及びインフラ資産の将来の更新費用の比較分析に関する調査結果」。
総務省（ウェブサイト）「地方財政白書」https://www.soumu.go.jp/menu_seisaku/hakusyo/index.html（2021/2/1）。
東京都監査委員（2007）「平成19年各会計定例監査（平成18年度財務諸表監査）報告書」。
根本祐二（2015）「公共施設等総合管理計画策定のための標準モデルの提案と適用事例」『東洋大学PPP研究センター紀要』5，pp.1-15。
FM推進連絡協議会編（2018）『公式ガイド ファシリティマネジメント』日本経済新聞出版。

第10章　行政評価

　地方自治法の第2条第14項において，地方自治体は「最少の経費で最大の効果を挙げる」ことが定められているが，それを検証するためには行政評価が不可欠となる。ただし，総務省（1997）にも「従来，わが国の行政においては，法律の制定や予算の獲得等に重点が置かれ，その効果やその後の社会経済情勢の変化に基づき政策を積極的に見直すといった評価機能は軽視されがちであった」と指摘されているように，体系的に政策を評価する仕組みが長らく整備されていなかった。

　そこで，国では2002年に「行政機関が行う政策の評価に関する法律」（政策評価法）が施行されて，各行政機関が政策を企画立案して遂行する立場から政策について自ら評価する仕組みが導入された。それに対して，地方自治体では行政評価は制度化されておらず，各々の地方自治体が工夫しながら行政評価に取り組んでいる状況となっている。

1　行政評価導入の背景

　公的部門において行政評価が導入されるようになったのは，1980年代から諸外国で取り組まれているニュー・パブリック・マネジメント（NPM）が大きく影響している。NPMは民間企業のマネジメント手法を公共経営に取り込むことにより，それまでのケインジアンともよばれる積極的な財政政策を転換し，市場主義を導入して公的部門の効率化やスリム化を進めるとともに，現場部局への権限委譲と成果指向のマネジメントが推進された。そして，成果にもとづいて政策を決定するために，業績測定や成果指標などによる評価が必要とされるようになった。

わが国では2002年に**政策評価法**が施行されて，各省庁が政策効果をできるだけ定量的に把握し，必要性・効率性・有効性などの観点から自己評価を行うことが求められるとともに，組織外部の学識経験者などから意見を聴くことも行われている。それに対して，地方自治体では1996年に三重県が導入した**事務事業評価システム**が先駆けとなり，1999年には自治省（現総務省）による「市町村における行政評価に関する研究に係る協力依頼について」のなかで評価表のひな型や記入要領が示された。さらに，2000年には「地方公共団体に行政評価を円滑に導入するための進め方」が公表されて行政評価の重要性が示され，多くの団体においてそれぞれ工夫しながら行政評価が実施されているが，まだ地方自治体における行政評価の法的な制度化はなされていない。

田中（2014, p.106）によると，行政評価が実施される以前の地方自治体では行政活動に係る事前評価は予算編成や計画策定などを通じて行われてきたが，予算の消化度合いや計画の進捗状況のチェックを除けば，事後的なチェックはあまり行われてこなかった。また，行政職員の評価は予算や人員といったインプットをより多く確保することや，公共サービスによるアウトプットをどれくらい提供できたかということが重視されており，その成果であるアウトカムはあまり考慮されないというのが実情であった。

さらには，税金等の公金により運営される公的部門には誤りや失敗が許されないという暗黙的な認識があることから，国や地方自治体では失敗が極端に嫌われる傾向があり，行政評価を実施してもほとんどすべての事業が成功したと評価され，想定した効果が得られなかったと結論づけられることは極めて珍しかった。誤りが許容されないがゆえに，すべてが成功したと評価される状況は「行政の無謬性」とも揶揄されており，行政評価が形骸化しているという批判も生じている。

2 │ 行政評価の考え方

総務省（2017）によれば，**行政評価**とは「政策，施策及び事務事業について，事前，事中，事後を問わず，一定の基準，指標をもって，妥当性，達成度や成

果を判定するもの」とされている。このとき，最も高次の目的である**政策**を実現するための手段が**施策**となり，施策が示す目標を達成するための最小の業務単位が**事務事業**となる。そして，政策・施策・事務事業を3階層にして政策体系へと落とし込んだものがロジックツリーとなる。

　たとえば，健康寿命の延伸という政策に関するロジックツリーを示すと**図表10-1**のようになる。健康寿命の延伸という政策の目的を達成するために，高齢者の運動機会の増進や健康診断の受診率向上といった施策の目標が設定される。そして，それらの目標を達成するために，健康講座の開催や敬老パスの配布といった具体的な事務事業が実施されるのである。ただし，実際には政策と施策，あるいは施策と事務事業は必ずしも1対多という対応関係になるのではなく，複数の政策・施策・事務事業が相互に多対多という形で関係する，より複雑な政策体系の構造になる場合も多い。

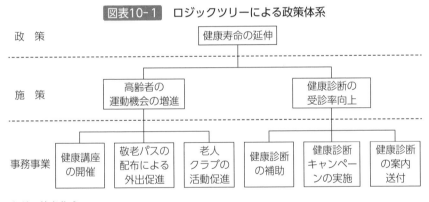

図表10-1　**ロジックツリーによる政策体系**

出所：筆者作成

　また，評価のタイミングについては事後評価も重要であるが，誤った目的や目標が設定されていたり，事業実施の方法が不適切であったりすると，いくら努力をしたところで期待される成果を得ることはできない。そのため，**事前評価・事中評価・事後評価**を適時に実施することにより，継続的に政策遂行をモニタリングすることが重要になるが，現実問題としては**単年度主義**にもとづいて1年ごとに予算の設定や執行が行われるため，十分な事前評価や事中評価を

行う余裕がない場合も少なくない。

　そして，行政評価の方法としては3Eとよばれる経済性・効率性・有効性を
検証することが望ましいとされている。経済性（economy）とは事務事業の遂
行や予算の執行をより少ないコストで行うことであり，**効率性**（efficiency）
とは投入されたコストに対して最大限の効果をあげることである。また，**有効**
性（effectiveness）とは事務事業の遂行や予算の執行によって目的とする成果
が得られたかどうかということになる。

　3Eの関係性をわかりやすく図式化するものとしてロジックモデルが用いら
れることもある。図表10-1に示した健康寿命の延伸に関する事業の一部をロ
ジックモデルに落とし込むと**図表10-2**のようになる。

図表10-2　　行政活動のロジックモデル

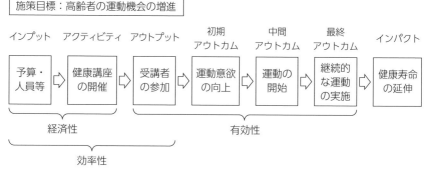

出所：筆者作成

　行政活動では予算や人員などのインプットを投入して，事務事業であるアク
ティビティを遂行する。このとき3Eの考え方では，インプットとアクティビ
ティの関係性によって経済性が示されるが，アクティビティ当たりのインプッ
ト（インプット÷アクティビティ）が小さければ**経済性**が高いということにな
る。すなわち，より少ない予算や人員によって多くの健康講座を開催できれば，
経済性が高いと考えられる。

　続いて，アクティビティを実施した結果としての活動から生じる産出量がア
ウトプットとなる。このとき3Eの考え方では，インプットおよびアクティビ

ティとアウトプットとの関係性によって**効率性**が示されるが，インプット当たりのアウトプット（アウトプット÷インプット）が大きければ効率性が高いということになる。すなわち，より少ない予算や人員によって多くの受講者に参加してもらうことができれば，効率性が高いと考えられる。

　従来から行政評価では数値管理が重視されており，事業の成果としてアウトプットが報告されることが多かった。しかし，アウトプットはあくまでも活動の結果を表しているに過ぎず，それによって施策目標が達成されたかどうかを測定することはできない。成果とは施策目標との関係性において評価されるべきであり，そのためには事業がもたらした社会的な変化としての**アウトカム**を測定する必要がある。そして，アクティビティやアウトプットが期待された成果を生み出し，アウトカムが一定の水準を満たしていれば**有効性**が高いということになる。

　ただし，アウトカムは事業を実施すれば直ちに得られるというものではなく，効果を発揮するまでに数年から数十年かかる場合もある。そのため，一足飛びに最終アウトカムを測定するのではなく，その代理指標として初期アウトカムや中間アウトカムを測定することが諸外国では多く行われている。

　図表10-2の例でいうと，健康講座を受講した人が継続的に運動を実施するようになれば，高齢者の運動機会の増進という施策目標を達成できたことになる。しかしながら，本来であれば最終アウトカムを測定するために，講座を実施してから数カ月後にも継続して運動を実施しているかどうかを追跡調査する必要があり，実際に海外ではそのような調査を行っている事例も少なくないが，**単年度主義**でリソースも限られているわが国の行政においてそれを実施することは非常に難しい。

　その一方で，講座に参加した人のすべてがすぐに運動を開始して続けるわけではなく，実際には運動の必要性を認識することによって意欲を高め，そのうえで実際に運動を始めてみるというステップが踏まれるのが通常である。そこで，健康講座を受講することによって運動への意欲が生じたか，あるいは実際に運動をやってみたか，という初期的あるいは中間的に生じた「変化」を測定すれば，将来的に最終アウトカムへとつながることが期待される代理の成果指標として用いることができるのである。

　なお，行政評価の対象となるのは一般的にアウトカムまでであるが，近年ではアウトカムによってもたらされた社会的・経済的な波及効果までを含めたインパクトにも関心が集まっている。たとえば，健康寿命が延びれば高齢者が経済活動に参加する期間も長くなって所得や納税が増えるとともに，医療費や扶助費も削減できる可能性があることから，大学などの研究機関と協力してこれらの幅広い波及効果を測定し，より効果の高い公共サービスを取捨選択しようという試みが諸外国では進められている。

3 ｜ 費用便益分析

　公共サービスの効果を測定する際に標準的に用いられる手法として**費用便益分析**があり，わが国でも公共工事を行うべきかどうか判断する際には，当該事業に係る総便益の割引現在価値を，総費用の割引現在価値で割った費用便益比（B/C：ビーバイシー）を算定することが求められている。このときB/Cが1を超えると便益が費用を上回っていることになり，事業を採択するための必要条件を満たしていることになる。

　費用便益分析は公共工事などのハード事業だけでなく，教育や福祉などのソフト事業を含めた幅広い分野に適用することができることから，イギリスのように中央政府が行うすべての政策的な選択に対して，原則として費用便益分析を適用するように求めている国もある。しかし，わが国では費用便益分析は主として公共工事に適用することが求められており，サービス事業に対して費用便益分析が用いられるケースはほとんどないのが実情である。

　また公共工事に関しても，たとえば道路整備であれば，通常の費用便益分析では渋滞の緩和や交通事故の減少だけではなく，新規立地にともなう生産増加や雇用および所得の増大，沿道環境の改善，災害時の代替路確保，交流機会の拡大といった経済的・社会的な価値が便益には含まれる。しかし，国土交通省の費用便益分析マニュアルでは，十分な精度で効果を金銭換算することが難しいために走行時間短縮，走行経費減少，交通事故減少に限って便益を算出するとしており，かなり限定した範囲での費用便益分析しか行われていない。

　そして，費用便益分析が適用されるのは事業採択の判断をする際の**事前評価**のみであり，成果を検証するために**事後評価**として費用便益分析が実施されることはあまりない。費用便益分析が行政活動に対して広く適用されない大きな原因としては，わが国では公会計が十分に整備されていないため，いまだ事業ごとのフルコストを適時に算出することができないという問題がある。

　さらには，公的部門の意思決定が行われる際にかつては予算のぶんどりと批判されるような状況も生じており，経済的・社会的な合理性よりも政治的な力学が優先される傾向があったと考えられる。そのため，費用便益分析を前提としている公共工事においても，現実には政治によって当該事業の採否が決まることから，それにあわせて需要予測を過大に見積もったり，維持管理費を過少に予測したりということが行われており，そもそも費用便益分析に対してあまり高い精度が求められていなかった。

　しかし，根拠のある行政評価を実施して，より効果的かつ効率的な公共サービスを取捨選択しようとすれば，費用便益分析を活用することが不可欠になる。そのためには，当該事業のフルコストを算定するための公会計情報を適時に入手することが重要になる。そのうえで人件費や間接経費を各事業に賦課・配賦するための**活動基準原価計算**（ABC：activity-based costing）などの仕組みを財務会計システム等に組み込んでいく必要があると考えられる。

4 ｜ 行政評価の課題

　わが国の公的部門では従来，予算制度にもとづく事前的な統制が重視されてきたため，**適法性**や**合規性**が維持されていれば行政活動は正しく機能するという考えのもと，行政評価を実施して事後的な検証を行う必要性をあまり認識していなかった。近年では国の事業に関する**会計検査院**の検査範囲に３Ｅ（**経済性・効率性・有効性**）も含まれるとされているが，実際には事業そのものの妥当性については国会で議論されているものとして立ち入らず，支出の正確性や合規性の観点から無駄遣いや不正経理の指摘が行われることがほとんどである。

　また，地方自治体では法令等によって強制されているわけではないが，総務

省（2017）によると2016年10月1日時点で1,099団体（61.4％）が行政評価を導入しているということである。ただし，行政評価によって「予算配分を大きく変更できた」（6.3％）あるいは「議会で評価結果が取り上げられるようになった」（24.2％）と回答した割合は低かったのに対して，職員の意識改革（68.6％）あるいは事務事業の有効性および効率性を高めて，「事務事業の廃止，予算削減につながった」（53.9％）と回答した割合が比較的に高い状況であった。

　多大な手間とコストをかけて行政評価を実施しても，それが予算編成や事業の見直しにあまり活用されず，さらには低い評価をすると翌年度以降の予算削減の対象になるなど所属部署の不利益になるということであれば，行政職員の行政評価に対する姿勢は後ろ向きにならざるを得ない。その結果として，決められた評価シートを形式的に埋めるだけで，すべての事務事業が成功したとされるようなお手盛りの評価がなされては行政評価が形骸化してしまう。

　それに対して，NPMが活発に取り組まれるイギリスやアメリカなどのアングロ・サクソン諸国では，公的部門においてもリスクをとって挑戦することが高く評価されており，行政評価の結果が政策決定にもダイレクトに反映されることから，新しいことに取り組んでよりよい公共サービスを取捨選択するために行政評価が活用されているという状況がある。

Column　費用便益分析の活用

　公共サービス改革が進むイギリスでは，1991年に「グリーンブック」という公共調達の評価に関するガイドラインが公表されており，そのなかで中央政府によるすべての政策的な選択肢に関して政府と社会に生じる費用と便益を測定するように求めるとともに，公共調達の意思決定者は各々の選択肢に係る純便益を比較して最善の選択に努める必要があるとされている。

　イギリスでは1980年代以降，財政削減を目的として公共サービスに市場原理を導入するニュー・パブリック・マネジメント（NPM）が進められたが，行き過ぎた市場化によって様々な弊害が生じた。そこで，財政的な側面だけではなく社会的，経済的あるいは環境的な価値を含めて，最も高いバリュー・フォー・マネー（VFM）を生み出す主体に公共サービスを提供させるために成果連動型民間委託契約などの仕組みも導入されている。

　そのため，ここでいう費用便益には公的部門に属するものに限らず，社会全

体に関連するものが含まれており，企業・家計・個人や非営利セクター等に属するものも広く考慮すべきとされている。そして，これらの費用便益は意思決定における共通した判断基準として用いるために可能な限り金銭換算すべきとされており，市場価格が得られない等の理由により金銭換算が困難であっても安易にこれらを排除するのではなく，何らかの評価技術などを適用できないか検討することが望ましいとされている。

　さらに近年では，より広い範囲の社会的コストや社会的価値を費用および便益に含めて社会的投資効率を測定する**社会的投資収益率**（SROI：social return on investment）にも関心が高まっている。SROIは「事業が生み出す社会的価値の割引現在価値÷投入されたすべての資源の割引現在価値」によって計算されるが，受益者の満足度やボランティアの金銭換算額といった主観的要素にもとづく見積もりも広範囲に含まれている。そのため，厳密な意味での行政評価に用いることは難しいが，利害関係者に対して広く公共サービスの成果を説明するためのコミュニケーション・ツールとして，SROIを試行的に活用する地方自治体も現れている。

〈参考文献〉

東信男（2001）「我が国の政策評価制度の課題と展望」『会計検査研究』24，pp.103-126。

国土交通省（2018）「費用便益分析マニュアル」国土交通省 道路局 都市局。

小林麻里（2013）『公共経営と公会計改革』三和書籍。

総務省（1997）「行政改革会議最終報告（平成9年12月3日）」。

総務省（2017）「地方公共団体における行政評価の取組状況等に関する調査結果」自治行政局市町村課行政経営支援室。

田中啓（2014）『自治体評価の戦略—有効に機能させるための16の原則』東洋経済新報社。

松尾貴巳（2009）『自治体の業績管理システム』中央経済社。

HM Treasury（2020）"The Green Book: Central Government Guidance on Appraisal and Evaluation".

第11章 公監査と内部統制

　公的部門の財政は予算制度のもとで厳しく管理されているにもかかわらず，1990年代後半から2000年代初めにかけて県庁や市役所，警察などで架空請求や預け金，カラ出張などによる裏金づくりが行われていたことが発覚して大きな社会問題となった。予算制度では合規性が重視されており，領収書や出張命令書などの証票類は厳格に保管されていたが，その一方では単年度主義のもとで予算の有効活用や緊急の支出に備えるためといった理由をつけて，書類形式を整えて不正な支出をプールすることが組織的に行われていた。

　そのため，公的部門においても内部統制を整備することにより，適正な事務管理を確保する必要性が議論されるようになった。そして，2020年4月に改正された地方自治法の第150条では，都道府県および政令指定都市の首長に対して「管理及び執行が法令に適合し，かつ，適正に行われることを確保するための方針を定め，及びこれに基づき必要な体制を整備」することが求められており，地方自治体において内部統制に係る制度が導入されることになった。

1 公的部門のガバナンス

　所有と経営の分離を基礎とする民間企業とは異なり，公的部門には株主のような所有者が存在しない。そのため，公的部門では選挙によって住民を代表する議員を選出し，議会を構成することによって予算を承認したり，行政機関に対する監視を行ったりしている。このとき，国であれば**図表11-1**に示すように国会議員を選挙によって選出し，地方自治体であれば**図表11-2**に示すように首長と地方議会議員を選挙によって選出している。

　わが国のように国会議員を選挙によって選出し，国会議員のなかから行政機関の長である内閣総理大臣（首相）を選出する仕組みは議院内閣制とよばれるが，特にイギリスにおいて発達した政治体制である。そして，立法府である国会が行政府である内閣を監視し，それらから独立した裁判所が司法府として牽制することにより，三権分立にもとづくガバナンスが構成されている。また，行政機関のなかに内閣から独立した会計検査院を設けることにより，行政機関内部における監視体制が整備されている。

　なお，国家元首を選挙によって国民が直接選出する仕組みは大統領制とよばれており，アメリカや韓国などで採用されている。また，大統領を選出しながらも首相および内閣を設けている，フランスやロシアのような半大統領制を採用する国もある。

　それに対して，地方自治体では住民が首長および議員を選挙で選ぶ二元代表制が採用されている。そのため，ともに住民を代表する首長と議会が対等の機関として，相互に牽制と協力をしながら政策を決定してその執行を監視するというガバナンスの構造になっている。

　そして，首長の補助機関として事務の執行および管理を行う「部局」や，現金出納事務などを担当する会計管理者が設置されている。さらに，首長に権限を集中させ過ぎずに，中立的な行政運営を確保するために執行機関多元主義が導入されており，首長から独立した地位や権限を有する組織として行政委員会が設けられている。

　行政委員会には教育委員会や選挙管理委員会などがあるが，首長による指揮監督を受けずに自らの判断と責任において事務を執行する機関であり，議会の同意を受けて選任された委員によって構成されている。また，財務や経営に関する事業管理に係る財務監査，あるいは事務の執行に係る行政監査を実施する監査委員も行政委員会の１つである。

　さらには，公金の不正支出などが多発したために，1998年には地方自治法が改正されて外部監査制度（第252条の28）が導入された。その結果，都道府県や政令指定都市，中核市などでは弁護士や公認会計士，税理士などの独立した第三者による外部監査人が設置されている。

　なお，住民が地方自治体の執行機関あるいは職員による違法行為等を防止・

是正するように働きかけるために，監査委員に対して監査を実施することを請求できる**住民監査請求制度（第242条）**が設けられている。さらには，監査委員による監査の結果やそれに対する措置に不服がある場合には，住民監査請求を行った住民自身が裁判所に訴えることができる**住民訴訟制度（第242条の2）**も定められている。

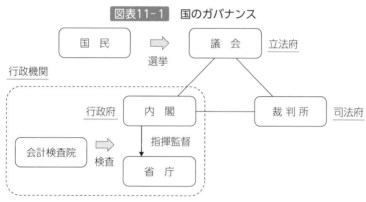

図表11-1　国のガバナンス

出所：筆者作成

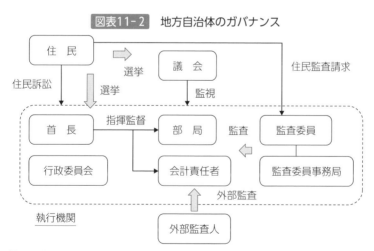

図表11-2　地方自治体のガバナンス

出所：筆者作成

2 公的部門における監査

　国の会計をチェックする会計検査院では監査という用語は使われていないが，地方自治体の監査委員については地方自治法の第199条第1項に「普通地方公共団体の財務に関する事務の執行及び普通地方公共団体の経営に係る事業の管理を監査する」と定められている。**監査委員は議会の同意にもとづいて首長が任命するが，民間企業でいうところの監査役に相当する地方自治体の執行機関であり，監査委員が実施する監査等の業務は図表11-3のように示される。**

図表11-3　監査委員が実施する主な監査等

監査等の種類			根拠法令	監査等の内容
監査	一般	財務監査	地方自治法第199条第1項	財務に関する事務の執行および経営に係る事業管理の監査
		行政監査	地方自治法第199条第2項	事務の執行に関する監査
		定期監査	地方自治法第199条第4項	毎会計年度少なくとも一回以上期日を定めて実施する財務監査
		随時監査	地方自治法第199条第5項	必要があると認めるとき随時に実施する財務監査
	特別	財政援助団体等監査	地方自治法第199条第7項	補助金・交付金など財政的援助を与えているもの，資本金等の1/4以上を出資している法人等の監査
		要求監査	地方自治法第199条第6項	首長の要求にもとづく事務の執行に関する監査
		議会請求監査	地方自治法第98条第2項	議会の請求にもとづく事務に関する監査
		直接請求監査	地方自治法第75条	選挙権を有する者の1/50以上の請求にもとづく事務の執行に関する監査
	その他	金融機関の公金出納監査	地方自治法第235条の2第2項 地方公営企業法第27条の2	指定金融機関および出納取扱金融機関の公金の出納事務の監査
		住民監査請求	地方自治法第242条	住民の請求にもとづく，財務に関する違法・不当な事務または財産の管理などを怠る事実がある場合の監査
		賠償責任監査	地方自治法第243条の2第3項 地方公営企業法第34条	職員の故意または過失などによる賠償責任の有無，賠償額の決定を行う監査

審査	決算	決算審査（普通会計）	地方自治法第233条第2項	決算書，歳入歳出決算事項別明細書，実質収支および財産に関する調書の審査
		決算審査（公営企業会計）	地方公営企業法第30条第2項	公営企業の決算書および附属書類の審査
	健全化比率	財政の健全性に関する比率の審査（健全化判断比率）	財政健全化法第3条第1項	健全化判断比率および算定の基礎となる事項を記載した書類の審査
		財政の健全性に関する比率の審査（資金不足比率）	財政健全化法第22条第1項	資金不足比率および算定の基礎となる事項を記載した書類の審査
	基金	基金運用状況審査	地方自治法第241条第5項	特定目的のための定額資金運用基金の運用状況の審査
	内部統制	内部統制評価報告書審査	地方自治法第150条第5項	市長が作成する内部統制評価報告書の審査
検査	出納	例月現金出納検査	地方自治法第235条の2第1項	現金出納につき毎月例日を定めて行う検査

出所：筆者作成

　監査委員は地方自治法の第196条第1項により，人格が高潔で地方自治体の財務管理や事業の経営管理などの行政運営に関して優れた識見をもつ者（識見監査委員）あるいは議員（議選監査委員）から選任されるが，特に資格等が求められているわけではない。そのため，監査委員が名誉職になっていると批判されることもあるが，近年では専門性を重視して公認会計士や弁護士などを監査委員に選任する地方自治体も増えてきている。また，2018年4月の改正地方自治法の施行によって**監査専門委員**（第200条の2第1項）を導入できるようになり，専門家の知見を生かした監査機能の充実が図られるとともに議選監査委員の義務づけが廃止されている。

　ただし，監査委員の業務として監査および審査，あるいは検査が定められているが，これらの内容や違いが明確に定義されているわけではない。一般的に監査とよばれるものには，財務情報等の信頼性を検証してそれに対する意見を表明する**保証型監査**と，問題点を抽出して是正するための助言をする**指摘型監査**があり，わが国において「監査」という場合には公認会計士等が財務諸表を対象として実施する保証型監査を意味することが多い。

　しかし，地方自治法などに定められる「監査等」は対象範囲や実施手続，検証水準が明確になっておらず，監査委員が自己の裁量にもとづいて監査等を実施しているのが実情であり，地方自治体によって監査等の内容や質に差がある状況となっている。

　その一方で，おおむね共通化された認識として公的部門の監査等では，合規性・正確性・経済性・効率性・有効性といった観点から行政事務のモニタリングが行われている。このとき，合規性とは行政事務が法令等に従って行われているか，正確性とは文書や記録が正しく作成されているか，経済性とは行政事務の遂行や予算の執行がより少ない費用で実施されているか，効率性とは同じ費用でより大きな成果が得られているか，有効性とは行政事務の遂行や予算の執行が当初の目的を達成しているか，ということを意味している。

　そして，経済性（economy）・効率性（efficiency）・有効性（effectiveness）は頭文字をとって３Ｅといわれるが，公的部門における業績監査では一般的に３Ｅなどの観点から行政活動の良し悪しが評価される。しかしながら，わが国では３Ｅに関して共通した指標等が設けられておらず，業績監査は非常に限られたものになっているところ，イギリスなどの国々では重要業績評価指標（KPI：key performance indicators）をベンチマークとして設定するなどにより，投入資源当たりの価値を表すバリュー・フォー・マネーを検証するVFM監査などが試みられている。

3 ｜ 地方自治体の監査基準

　従来，地方自治体において共通した監査基準は存在していなかったが，一部には大阪市が会長都市を務める全国都市監査委員会が作成した都市監査基準などを参考としながら監査基準を策定する動きがあった。

　そして，2019年３月には総務省によって監査基準（案）と実施要領が公表されるとともに，2020年４月には改正地方自治法が施行されて監査委員は監査基準を定めることが求められるようになり（第198条の４第１項），監査・検査・審査などの「監査等」は監査基準にもとづいて実施することが定められた。監

査基準（案）は総務省からの指針を示すものであり，実際に適用される監査基準はそれぞれの地方自治体の監査委員が作成したうえで公表されることになる。

　監査基準（案）のなかには一般基準，実施基準，報告基準が設けられており，企業会計における監査基準と類似した構成がとられている。そして，監査委員は独立的かつ客観的な立場で公正不偏の態度を保持するとともに，正当な注意を払ってその職務を遂行することが求められている。さらには，内部統制の整備状況や運用状況に関する情報を集めて判断をしたうえで，監査対象のリスクを識別し，そのリスクの内容および程度を検討しながら監査等を実施するリスク・アプローチが求められるなど，内容的にも企業会計の監査基準が参考にされている。

　ただし，監査委員は1人ひとりが独立した権限を有する独任制の執行機関であるため，監査等の結果に関する意見は合議によって決定したうえで，公表されなければならないという特徴がある。そのため，もし合意に至らない場合には当該事項に関する各監査委員の意見を，議会や首長あるいは関係する委員会などに提出して公表することが求められている。

　このような監査基準（案）が示されたことにより，監査委員が実施する監査等の内容や質は向上すると考えられるが，それを実現するために残されている課題も少なくない。

　わが国では歴史的に制度にもとづく監査が重視されてきたため，制度的な位置づけが不明確で現場に裁量が与えられるような監査に関する実務的な蓄積が浅く，それに対応できる人材が不足しているという状況がある。さらには，監査委員は都道府県および政令指定都市では4人，その他の市町村では2人が選任されるのが通常であり，公認会計士や弁護士などが入るケースも増えてはいるが，そもそも専門家であっても公的部門の法令等や実務に精通している人材は非常に限られている。

　そして，監査委員の補助機関として**監査委員事務局**が設置されている地方自治体が多いが，その人員は限られているうえに，一般の行政職員と同様に異動する場合もあるため，必ずしも専門性が高い人材を継続的に確保できるとは限らない。また，監査委員事務局の職員がほかの部局に異動する可能性がある場合には，将来のことを考えて厳しい監査等を行いにくいという指摘もある。

　さらには，小規模な地方自治体には監査委員事務局が設けられていないところも少なくなく，公認会計士等に監査手続の一部を外部委託したり，岡山県の備前市および瀬戸内市のように監査委員事務局を共同設置したりという工夫をしているところもある。このように様々な制約のもとで監査委員による監査手続が行われていることから，現時点における地方自治体の監査等では検証範囲や検証内容が限定的にならざるを得ないというのが実情である。

　公会計や公監査を担う専門家集団として，イギリスでは勅許公共財務会計協会（CIPFA：Chartered Institute of Public Finance and Accountancy）という団体があるが，そこに属する専門家は必ずしも公認会計士ではなく，公的分野における財務部門でのキャリア形成を希望する行政職員などにトレーニングを提供して人材育成を行っている。

　そして，一定の公的部門における財務責任者（CFO）は，勅許公共財務会計士の資格を必要とすることが法によって定められている。わが国における行政職員のキャリアはメンバーシップ型のジェネラリスト育成が中心であり，ジョブ型のスペシャリスト育成が行われるイギリスと同じ仕組みを取り入れることは難しいが，公会計や公監査を担うことができる人材を育成することが急務となっていると考えられる。

4 ｜ 内部統制制度

　総務省による監査基準（案）においてリスク・アプローチが提示されたことにより，地方自治体の首長は事務処理を適正に行ううえでのリスクを評価して，それをコントロールするための内部統制を整備することが求められる。

　近年，行政サービスに対するニーズが多様化して事務処理が広範化していることから，行政職員の業務負担が増大しており，①業務の効率的かつ効果的な遂行，②財務報告等の信頼性確保，③業務に関わる法令等の遵守，④資産の保全といった内部統制の目的を，阻害するようなリスクを一定の水準以下に抑えられるように業務プロセスを構築することが重要になる。

　そのため，地方自治体が内部統制制度を導入する際の指針として2019年３月

に「地方公共団体における内部統制制度の導入・実施ガイドライン」が公表されるとともに，2020年4月には改正地方自治法が施行されて都道府県および政令指定都市の首長に対して，内部統制に関する方針を定めて必要な体制を整備し，毎会計年度に1回以上は内部統制評価報告書を作成して監査委員による審査を受けることが第150条に定められた。

このガイドラインには，地方自治体が内部統制制度を導入あるいは実施する際に参考となる基本的な枠組みや要点などが示されているが，企業会計審議会が公表する「財務報告に係る内部統制の評価及び監査の基準並びに財務報告に係る内部統制の評価及び監査に関する実施基準の改訂について（意見書）」が示す内部統制の基本的枠組みを踏まえながらも，地方自治体の特徴について考慮がなされている。

ガイドラインによれば，地方自治体における内部統制とは「住民の福祉の増進を図ることを基本とする組織目的が達成されるよう，行政サービスの提供等の事務を執行する主体である長自らが，組織目的の達成を阻害する事務上の要因をリスクとして識別及び評価し，対応策を講じることで，事務の適正な執行を確保する」ための仕組みであると規定されている。

そのためには権限および職責を明確にして，各担当者がその権限と職責の範囲において適切に業務を遂行する体制を整備していくことが重要であり，不正または誤謬などが発生するリスクを減らすために，職務を複数の者で適切に分担あるいは分離させる必要があるとされている。具体的には契約の承認，契約の記録，資産の管理に関する職責をそれぞれ別の者に担当させることにより，各々の担当者間で適切に相互牽制を働かせることが例示されているが，業務の効率的な遂行を著しく妨げたり，責任の所在が不明確になったりするような過度な職務の細分化は避けるべきと指摘している。

従来から公的部門では，予算制度を基礎として決裁権限を割り振ったり，首長の権限の一部を委任したりするとともに，支出命令と出納を分離するなどの管理が行われてきたが，合規性を中心とした形式面を重視するチェックでは複雑化する社会環境に対応できない部分も生じている。そのため，首長が方針を定めることによって内部統制の目的と対象となる事務を明確化し，リスクに応じてそれらを各部局の業務プロセスへと落とし込んでいくとともに，継続的な

モニタリングを実施して常に内部統制が有効に機能していることを監視し，是正していくことが求められている。

このとき，首長は地方自治体の事務について包括的な管理執行権限を有しており，内部統制を整備して運用する最終的な責任を負っている。ただし，内部統制は日常の業務執行のなかで行われるものであり，行政職員は内部統制の整備の一環として策定された規則・規程・マニュアルなどを遵守して適正な業務執行に努めることが求められる。

そして，**監査委員**は**財務監査**や**行政監査**などの過程で内部統制の整備状況や運用状況を監視するとともに，内部統制に不備がある場合には適切な改善や是正を促すために，担当部局や内部統制評価部局などに確認や指摘を行うことが求められている。さらには，議会は行政機関からは独立した立場から首長による行政執行を監視する役割を担っており，内部統制の枠外からその整備や運用の状況を確認することになる。

なお，政令指定都市以外の市町村では内部統制制度の導入は義務化されておらずに努力義務となっているが，入札不正などを受けて内部統制を見直す地方自治体も現れている。また，内部統制制度が義務化されていない団体においても内部統制の評価を実施することにより，リスクの高い項目に監査資源を集中して，監査委員が実施する監査等の効率性や有効性を向上させるということも考えられる。

5 │ 外部監査と住民訴訟

これまで地方自治体の内部におけるモニタリングの仕組みをみてきたが，外部からのガバナンスとしては外部監査と住民訴訟の制度が挙げられる。旧来の地方自治体における監査機関は行政内部に設置される監査委員のみであったが，監査機能の専門性および独立性を強化して住民の信頼を高める観点から，1998年に改正地方自治法が施行されて行政職員の身分をもたない**外部監査人**も監査主体となることが認められた。

外部監査人に就任できるのは弁護士，公認会計士，行政実務精通者および税

理士であり（第252条の28），地方自治体との契約にもとづいて**包括外部監査**（第252条の37）あるいは**個別外部監査**（第252条の39など）を実施する。また，監査委員が実施する監査について住民や議会あるいは首長からの請求にもとづいて，外部監査人による個別外部監査に代えることを条例に定めることも可能となっている。ただし，これらの外部監査は企業における財務諸表監査とは大きく異なっており，必ずしも財務情報の信頼性を検証するために実施されるわけではない。

たとえば，包括外部監査は都道府県，**政令指定都市**および**中核市**において毎年度実施することが定められているが，監査テーマは包括外部監査人が自己の識見にもとづいて財務に関する事務の執行あるいは経営に係る事業の管理から個別に選択する。これまでに公の施設や補助金，委託料，物品あるいは債権の管理といった監査テーマが選ばれているが，包括外部監査の対象は財務事務および3Eなど経営に係る事業の管理に限られており，監査委員のように一般事務を含めた行政監査を実施することはできない。なお，条例で定める場合には財政援助団体等も包括外部監査の対象に含めることができる。

そして，地方自治体の財務の適正性を確保し，住民全体の利益を保護するためのさらなる手段として，住民自身が地方自治体に対して是正を求める仕組みが整備されている。まず，地方自治法の第242条では首長や職員などに違法もしくは不当な財務会計上の行為等がある場合に，住民が監査委員に対して監査を実施するように求めることができる**住民監査請求**の仕組みが設けられており，不当な行為を防止して地方自治体に生じる損害を補填するために必要な措置を講ずることが認められている。

それに加えて，第242条の2では上記の監査の結果あるいは勧告，またはその勧告にもとづいて行われた措置に不服がある場合に，監査の請求者に対して裁判所に住民訴訟を提起することが認められている。住民訴訟は会社法でいうところの株主代表訴訟に類似しているが，地方自治体に代位して首長や職員個人を被告として賠償請求することが2002年に廃止されたため，現在では機関としての首長を相手方とする訴訟制度になっている。

> **Column** オンブズマンとは
>
> 　オンブズマンはスウェーデンにおいて19世紀初めに設けられた制度であり，議会や行政から任命された民間人が行政機関を外部から監視して，行政に対する苦情を受け付けて中立的な立場からその原因を究明し，国民の権利や利益への侵害に対する是正措置を勧告する仕組みである。
>
> 　わが国では，総務省の行政評価局が実施する行政相談制度を独自のオンブズマン制度として位置づけており，全国の市町村に設けられている約5千人の行政評価委員がボランティアによって，行政機関とは異なる立場から行政等に対する苦情や意見，要望を受け付け，その解決あるいは実現を促進するとともに行政活動の改善に生かしている。
>
> 　また，1990年に川崎市市民オンブズマン条例を制定した川崎市をはじめとして，一部の地方自治体では条例等による独自のオンブズマン制度を設けているところもある。
>
> 　このように制度化されたオンブズマンに対して，市民の立場から行政や企業などを監視することを目的として，市民オンブズマンなどの名称を用いている市民団体等もある。これらの団体では情報公開制度や住民監査請求，住民訴訟などを活用しながら官官接待やカラ出張などの裏金づくり，政務活動費の不正支出といった様々な問題を提起している。また，その連携団体の1つである全国市民オンブズマン連絡会議では，包括外部監査の内容を評価する「包括外部監査の通信簿」を発行するといったことも行っている。

〈参考文献〉

石原俊彦（2021）『VFM監査』関西学院大学出版会。

清水涼子（2019）『地方自治体の監査と内部統制—2020年改正制度の意義と米英との比較』同文舘出版。

鈴木豊（2014）「業績公監査と監査機能の拡張問題」『経営論集』61(1)，pp.279-307。

総務省（2019）「地方公共団体における内部統制制度の導入・実施ガイドライン」。

日本公認会計士協会（2020）「公会計委員会研究報告第25号　地方公共団体の内部統制制度及び監査委員監査の論点と方向性」。

備前市瀬戸内市監査委員事務局共同設置研究会（2021）『監査委員事務局共同設置の有効性に関する調査報告書』。

第12章　公　契　約

　公的部門が民間事業者から工事やサービス，物品を購入することを公共調達とよび，その際に結ばれる契約のことを公契約という。そして，国や地方自治体は，自らが直接に公共サービスを供給するだけでなく，企業やNPOなどの民間事業者との間で工事請負や業務委託などの公契約を結んで，公共サービスを提供してもらうことが広く行われている。さらに，近年では図書館や文化施設，体育館などの公共施設の運営を民間事業者に任せる指定管理者制度も幅広く導入されている。

　このような公契約や指定管理者制度は，厳しい財政状況のもとで予算を削減するという目的もあるが，民間事業者がもつ技術やノウハウを活用し，よりよい公共サービスを提供するという効果も期待される。ただし，公共サービスの量と質を保ちながら公共サービスの改善や改革を推進すると同時に，民間事業者が安定的かつ持続的に運営していくためには，透明性および公正性が確保された公契約のルールを整備する必要がある。

1 公契約制度

　厳しい財政状況のもとで，公的部門における歳出削減は急務となっており，民間事業者が保有している技術やノウハウを活用することによって，公共サービスの量と質を維持することが試みられている。自民党の小泉政権（2001〜2006年）による「官から民へ」，民主党の鳩山政権（2009〜2010年）による「新しい公共」，自民党の安倍政権（2012〜2020年）による「共助社会づくり」あるいは菅政権（2020年以降）による「自助・共助・公助」という流れのなかで，**図表12-1**に示すように様々な公共サービスが民間事業者から調達される

ようになっている。

図表12-1 公共調達の拡大

公共調達手法	説　　　明
工事請負	道路や橋などの社会資本（インフラ）整備を目的として行われる公共工事を，競争入札等によって最も低廉または効率的な提案を行った民間事業者に請け負わせる
業務委託	競争入札等により，清掃や施設管理，警備などの役務を最も低廉または効率的な提案を行った民間事業者に委託する
PFI	民間の資金や技術，経営能力を活用して公共施設等を建設し，維持管理および運営を行うとともに，民間事業者は行政や利用者からサービス料を得る
指定管理	公の施設の管理運営を民間事業者に任せ，民間事業者は行政から指定管理料を受け取るとともに，施設利用者から使用料を徴収することもできる
官民競争入札（市場化テスト）	官と民が対等な立場で競争入札に参加し，質・価格の観点から総合的に最も優れた者がサービス提供を担うことにより，民間事業者が効率的に提供できる公共サービスは民間に委託する

出所：筆者作成

　工事請負とはいわゆる公共工事であり，**インフラ資産**などのハード整備を建設業者などが請け負っている。また，公共工事は単に資産形成をする目的だけでなく，広く地方に財源を供給して地域経済を下支えするなど，景気対策として実施されてきた側面がある。

　それに対して，**業務請負**はもともと清掃や警備などの雑務を効率的に実施するために民間事業者が活用されてきたが，社会環境が複雑化するなかで社会福祉や就労支援などのソフト事業にも営利企業や非営利組織が参画するようになっている。さらに，次章で説明する**PFI**や**指定管理**，**官民競争入札**（**市場化テスト**）など，新しい公共調達の仕組みも導入されている。

　公契約は民間事業者にとっても，一定の業務を決められた期間内に遂行すれば，確実に支払いが受けられるという点で魅力のある事業である。その一方で，公契約を受注するために激しい競争が起こり，低価格入札（ダンピング）に陥って公共工事の質が低下したり，従業員の雇用条件が悪化したりするといった問題も発生している。

　さらに，公契約では民間事業者を選定する際に，談合や収賄などの不正が起こる危険性がある。これらの不正が発生すると，契約額が不当につり上げられて税金の無駄遣いが生じたり，公正な民間事業者が公共調達市場から排除されたりしてしまう。また，かつては国や地方自治体が，**特殊法人や公益法人**（2008年制度改革前）などの形態を用いていわゆる**外郭団体**を設立し，公契約を独占的に結ばせたり，出資金や補助金を拠出したりすることによって公務員の天下り先にしているという批判もあった。

　そのため，公契約に際しては地方自治法の第234条第1項に定める，以下のような入札等の手続をとることによって，民間事業者の選定における透明性と公正性を担保している。さらには，公務員の所属部署を2〜4年程度で人事異動させることによって，特定の事業者との癒着が生じることに対する防止を図っているが，これに対しては公的部門における専門性の蓄積を阻害しているという批判もある。

①　一般競争入札

　一般競争入札は入札における原則的な方法であり，不特定多数の者で競争入札を行い，最も有利な条件を提示した事業者を選定する。以前は最低価格落札方式がとられることが多かったが，過度な価格競争に陥り，業務遂行能力に問題のある事業者が選定される危険性もあるため，現在では技術力や企画内容の創意工夫など，価格以外の条件も考慮する総合評価方式がとられることも増えている。

②　指名競争入札

　指名競争入札はあらかじめ一定の条件を満たす事業者のみが参加できるように，国や地方自治体が指名する特定の者で入札を行う方法である。応募者の資格や能力を選別しやすい利点があるが，応募者が限定されて公正な競争が働かない危険性もあるため，現在では入札希望者の技術力などを事前に確認する公募型指名競争入札が導入されている。

③ 随意契約

　随意契約は競争入札によらず，任意に選定した事業者と契約する方法であり，契約の性質や目的が競争に適さない場合や，契約の予定価格が少額である場合など，一定の条件下で例外的に認められている。応募者が提出した企画提案について，有識者委員会などを設けて審査する企画競争（企画コンペティション方式，プロポーザル方式など）も，価格による競争入札の要素を欠いているために随意契約の一種（競争性のある随意契約）として位置づけられている。

　なお，総合評価方式ではバリュー・フォー・マネー（VFM）の向上やダンピングを防止する等の観点から，地方自治法施行令の第167条の10の2にもとづいて，**図表12-2**に例示したような落札決定基準を設定する必要がある。さらに，落札決定基準を設定するにあたっては客観性や透明性を担保するために，学識経験者からの意見をあらかじめ聴取しておく必要がある。

　総合評価方式を導入することによって，民間事業者の実績や技術力を考慮するとともに，過度な価格競争を抑制することができる。そして，近年では地域連携や男女共同参画など，社会貢献的な項目が評価基準に取り入れられるケースも少なくない。ただし，その一方では一般競争入札のような絶対的な評価基準を設けることが難しいため，総合入札方式においては評価項目の客観性や透明性が確保されなければ，入札資格を実質的に制限したり，選定審査に恣意性が介入したりするという懸念が生じることも考えられる。

2 ｜ 公契約の積算方法

　近年，公契約による民間事業者の活用が急速に進められているが，その大きな目的としては予算削減がある。そのため，契約額を低く抑えることができれば，それだけ税金等の支出を節約できることになり，このような観点からみると，契約額は安ければ安いほど望ましいということになる。

　しかし，その一方で公的部門は**所得再分配機能**を有しており，公契約は当該業務に従事する人々に所得をもたらしている。さらには，民間事業者を育成し，

図表12-2　総合評価方式における落札決定基準例

評価分類	評価項目	
企業の技術力	技術提案	総合的なコストに関する提案
		工事目的物の性能・強度等に関する提案
		社会的要請に対応した提案
		技術提案に係る施工計画
	簡易な施工計画	工程管理に係る技術的所見
		品質管理に係る技術的所見
		施工上の課題に係る技術的所見
		施工上配慮すべき事項
		安全管理に留意すべき事項
		環境負荷軽減に配慮すべき事項
企業の施工能力	同種工事の施工実績	
	工事成績評定点の実績	
	優良工事施工会社表彰の実績	
	配置予定技術者の施工経験	
	配置予定現場代理人の優良工事現場責任者表彰の実績	
	若手技術者の登用	
	品質管理マネジメントシステムの取組状況	
	その他	
企業の社会性・信頼性	地域精通度・地域との密着度	
	災害協力	
	環境に対する姿勢	
	市内経済への貢献	
	地域への貢献	
	災害発生時の対応力	
	災害出動実績	
	男女共同参画及び女性活躍の推進	
	女性技術者の登用	
	SDGsの取組	
	週休2日の実績	
	その他	
	低入札価格での入札	

出所：横浜市（2021, p.3）より抜粋

産業を振興するといった政策目的をもつ場合もある。したがって，公契約が果たすこれらの役割にも配慮するならば，単に価格が安ければよいというわけではなく，民間事業者が健全に事業運営を継続できる契約額を確保し，労働者の生活基盤が損なわれない程度の賃金水準が確保される必要がある。

ところが，いまだ国や地方自治体には一部を除いて公契約に関する体系的な積算基準が整備されておらず，事業内容や担当部局によって費用の積算方法に違いが生じている状況がある。公共工事などの工事請負については，国土交通省あるいは農林水産省が策定した一定の積算ルール（いわゆる二省単価）があり，地方自治体でも**図表12-3**に示すような体系化された積算基準が定められているが，役務提供などの業務委託については，このような積算のルールが明確化されていない。

また，経費精算型概算委託契約のように，契約に定められた金額を上限として，行政が必要と認める経費のみが支払われる方法もある。その場合には，実際に支出した事業費であっても，行政による領収書等の検査によって不適当と判断されると，経費の精算が認められないという事態も起こり得る。それに加えて，付加利益を契約額に含めることができず，あるいは領収書等が得られない間接経費が支払われないといったことも生じている。

公契約は税金を使って実施されるため，その支出が適切かどうか確認することが求められる。過去には公契約に関連して談合や水増し請求などが行われたり，役所へのキックバックや民間事業者への預け金などを通じて，不法な裏金がプールされたりすることが発生していた。しかしながら，このような不正防止を重視するあまりに，公契約に対する検査が領収書等の厳格なチェックに偏重し，事業自体が生み出す成果が適切に評価されない状態に陥ると，過重な事務処理に追われて本来目的とするはずの公共サービスの供給や改善がおろそかになってしまう。

さらには，民間事業者は営利または非営利を問わず，将来への投資財源やリスクに備えておく必要があるため，一定の付加利益や余剰財産を確保することが不可欠であり，適正利益の上乗せ（マークアップ）まで認められないような状況が生じるのは合理的ではないと考えられる。

図表12-3　公契約における積算基準例

項　目			説　明	工事請負	業務委託
業務原価	直接原価	直接人件費	業務処理に従事する者の人件費，打合せ，時間外手当	職種や経験等により単価を設定	多様な業務があり基準となる単価がない
		直接経費	旅費交通費など業務処理に必要な経費	必要額を積算	実費等によって積算される
		その他原価	外注費など積算計上分以外の直接経費	業務原価の35%以内	
	間接原価		当該業務担当部署の事務職員人件費および福利厚生費，水道光熱費など		
一般管理費等	一般管理費		役員報酬，従業員給与手当，退職金，法定福利費，福利厚生費，事務用品費，通信交通費，水道光熱費，広告宣伝費，交際費，寄付金，地代家賃，減価償却費，租税公課，保険料，雑費など	業務価格（業務原価＋一般管理費等）の35%以内	特に基準はなく，事業費の10%〜30%程度あるいは積算されない場合もある
	付加利益		法人税，地方税，株主配当金，役員賞与金，内部留保金，支払利息・割引料，支払保証料，その他の営業外費用など		

出所：愛知県（2020，pp.281-283）および愛知県（2007）を参考に作成

---

3 ｜ 過当競争の防止

　近年では厳しい財政事情を背景に，より広範囲の公共サービスを民間に任せる動きが活発化しており，公共調達の内容と責任が多様化かつ高度化している。また，以前は広く行われていた外郭団体等への随意契約を避けて，公共調達市場が民間事業者にも広く開放されるようになっている。さらに，2003年には指定管理者制度が導入されて，以前は地方自治体や外郭団体等に限られていた公の施設の管理を株式会社や公益法人，NPO法人などの民間事業者にも任せることが可能になった。

　しかし，その一方で公共調達を受注するために，過当競争が生じて契約額が廉価に抑えられる，いわゆるダンピングの問題が発生している。公共調達によって非効率なコストが低減されるのは望ましいことであるが，過度に雇用条件を悪化させたり，事業運営に必要な経費まで削られたりする状況になると，公共サービスの品質や安全性が損なわれるとともに，民間事業者は安定的な経

営を維持することができなくなる。

　公契約におけるダンピングの問題について，イギリスでは財務省が報告書（HM Treasury 2002）を発行し，民間事業者が直面するフルコスト回収の問題を公に提起している。フルコスト回収とは，個々の事業を実施するために要する直接費のみならず，組織全体に共通して発生する間接費も含めて，民間事業者が組織運営を維持するために必要なコストをすべて回収するという考え方である。

　イギリス財務省は，特に近年増加している非営利組織への委託事業に関して，間接費が十分に負担されておらず，暗黙的に寄付や会費などの自主財源を公共サービスに充当することを求めていると指摘し，その結果として民間事業者の財政的な自律性が著しく阻害されていると注意喚起した。

　わが国では，国や地方自治体が公共調達を行う際に，契約金額の上限基準額として予定価格を事前に設定しているため，このとき入札者はできるだけ予定価格に近い金額で落札したほうが大きな利益を得られる。しかし，現実には地方自治法の第234条第1項に定められた入札等が行われるため，厳しい景気動向のもとで過当競争に陥って低価格で落札されることが少なくない。

　また，情報システムの入札などでは，その後の機器販売や保守契約を期待して1円入札が行われるケースも生じている。それに対して，入札時に地方自治法施行令にもとづき，最低制限価格や低入札価格調査基準を設けて，不当な安値受注を防止する措置が講じられている場合もある。

① 最低制限価格制度

　最低制限価格制度とは，不当に低価格な入札が行われて契約の履行が阻害されたり，成果物の品質が低下したりすることを防止するために，最低制限価格を設けてそれ以上の金額で入札した者のうち，最も低い価格で入札した者を選定する方法である（地方自治法施行令第167条の10第2項）。

② 低入札価格調査制度

　低入札価格調査制度とは，あらかじめ調査基準価格を設けておき，それ以下で入札が行われた場合には履行体制や積算根拠などについて調査し，契約の履

行および公正な取引が阻害される場合には落札者と認めず，次に低い価格で申込みをした者を選定する方法である（地方自治法施行令第167条の10第1項）。

　しかしながら，現実には特に小規模事業について十分なフルコストを回収できず，求められた品質基準を満たせなかったり，安全管理に支障が生じたり，非正規・低賃金労働による官製ワーキング・プアが生じたりする原因になっているという批判がある。そのため，過度な価格競争を抑制し，適正な労働対価と公共サービスの質を両立しながら，公契約を通じて社会的価値の向上を図ることを目的として，公契約条例が複数の地方自治体において導入されている。

　公契約条例は，全国では千葉県野田市が2010年に，政令指定都市では神奈川県川崎市が2011年に，都道府県では奈良県が2015年に初めて施行している。そして，公契約条例のなかには労働報酬の下限を設定している場合と設定しない場合があるが，労働報酬の下限を設定している場合についても，野田市のように業務に応じた適正な賃金（公務員一般職水準や職種別最低基準額）を確保するという考え方と，川崎市のように最低限の生活を保障する賃金（生活保護水準）を守るという考え方がある。

　ただし，公契約が低価格入札に陥ってしまう要因としては，単に人件費等が低く見積もられるだけではなく，予算制度に立脚する行政と民間事業者との間で，コストに対する考え方に相違があるという背景もある。特に民間事業者側の要因として，低価格入札を行うことにも一定の経済的合理性があるという事情がある。

　なぜなら，仮に低価格で受注することになっても，その事業を実施することによって発生する直接費などの限界費用を回収できるのであれば，一般管理費等や固定費などを十分に回収することができなくても，受注しないよりも受注するほうがメリットとしては大きいということになる。このような低価格入札を繰り返せば，中長期的には当然のことながら経営の体力が損なわれていくわけであるが，短期的な生き残りを考えると無理をしてでも受注せざるを得ないという状況がある。

　それに対して，行政側の要因としては**図表12-4**に示すように，行政が考えるコストと民間事業者が回収しなければならないフルコストにギャップがある

という事情がある。一般的に財政制度では事業予算をベースとして考慮することから，行政職員の認識としても嘱託職員の人件費，あるいは消耗品費や旅費交通費などの物件費は事業に係るコストとして把握されている。それに加えて，事業予算とは別に予算化されている公務員の人件費についても，各事業に割り振ることにより事業費として認識すべきという意識が近年では浸透していると考えられる。

それに対して，現金支出をともなわないために予算計上されていない**減価償却費**や**退職手当引当金繰入額**については，行政職員にとって事業に必要なコストであるという認識が薄くなっている。さらには，総務や人事，財務，議会運営，首長人件費などの間接経費については，各事業に割り振って負担額を計算するという意識はほとんどもたれていないと考えられる。

したがって，民間事業者であれば総務や人事，本社経費などの一般管理費等についても回収する必要があるところ，特に業務委託契約においてはこのような間接経費が十分に考慮されず，民間事業者が組織運営を持続するために必要なフルコストを十分に回収できない状況が少なからず生じている。そのため，公正な公契約を機能させるためには，官民間において対等な条件（イコール・フッティング）のもとでフルコストを把握したうえで，公共調達市場の競争条件を整えていくことが重要になる。

図表12- 4　行政におけるコストの考え方

出所：筆者作成

Column 成果連動型民間委託契約（PFS）

　従来の公契約では，主として入札時に審査が行われて，その仕様に定められたとおりに事業を遂行することが求められる。そのため，決められた仕事をこなし，ルールどおりに支出を行うという事前的な統制が厳しく行われてきたが，その一方で当該事業がどのような成果をもたらしたかを検証する，実施期間中あるいは事後的な評価はあまり重視されていなかった。

　特に税金等の公の資金を使う際には，無駄をなくして最大限の効果を生み出すことが求められるため，それを逆説的にとらえて失敗した事業は存在せず，すべての事業が成功したものと報告される「行政の無謬性」とも揶揄される状況が生じていた。

　それに対して，諸外国では失敗から学び，よりよい公共サービスの供給方法を探るために，事業の全期間にわたって根拠データにもとづく評価を実施し，有効な施策を取捨選択するという「エビデンスにもとづく政策決定」（EBPM：Evidence-based Policy Making）が試みられている。そして，厳しい財政事情のもとでより効率的な予算配分を推進することを目的として，成果に応じて支払いが行われる成果連動型民間委託契約（PFS：Pay for Success）の導入も徐々に広がっている。

　日本でも，2021年に内閣府がPFSの共通的ガイドラインを公表し，国や地方自治体によって，糖尿病重症化予防やがん検診受診率向上，認知症予防や要介護度改善，引きこもりの就労支援や非行少年の学習支援など，様々なPFSのパイロット事業が取り組まれている。そして，事業を実施しない場合と比べて，どれだけ重症化を防止できたか，検診率が向上したか，就労に向けて活動できたかといった成果指標を設けて，その達成度に応じた支払いが行われている。

　近年の複雑化する社会的課題は，有効な解決方法やそれに要するコストが明らかになっていない。そのため，事前に業務内容を詳細に決めるのではなく，成果に応じた支払いの仕組みを導入して民間事業者による様々な創意工夫を誘発することにより，従来にない新しい対応策を探るという公共サービスのイノベーションが期待されているところである。

〈参考文献〉
愛知県（2007）「行政からNPOへの委託事業の積算に関する提言」県民生活部。
愛知県（2020）「積算基準及び歩掛表（調査・設計業務委託）（令和2年10月改訂）」建設局。

上林陽治（2011）「政策目的型入札改革と公契約条例（上／下）」『自治総研』394，pp.63-98/396，pp.45-86。

経済産業省（2006）「総合評価落札方式ガイドブック―調査，広報，研究開発」。

内閣府（2021）「成果連動型民間委託契約方式（PFS：Pay For Success）共通的ガイドライン」。

横浜市（2021）「横浜市総合評価落札方式ガイドライン 2021年4月版」。

HM Treasury（2002）"The Role of the Voluntary and Community Sector in Service Delivery: A Cross Cutting Review".

第13章	官民連携

　公的部門のニーズが多様化する一方で，少子高齢化が進み財源に制約がある状況において，公的部門がすべての公共サービスを担うことは難しくなっている。そのため，民間が強みをもつ分野については民間事業者に任せることにより，行政運営を効果的かつ効率的に行うことが必要になる。前章において説明したように，現在では工事請負や業務委託，指定管理，PFI，官民競争入札などの形で多種多様な公共サービスが民間に任されるようになっている。

　わが国では戦後，親方日の丸のもとで多数の特殊会社が設立されて公的部門が肥大化したり，金融業界における護送船団方式のように政府が許認可権限や行政指導を行使して民間事業者を管理したりする状況があり，お上（おかみ）に依存する意識が醸成された。しかし，1990年代のバブル崩壊以降における景気低迷や，社会保障費の増大などにともなって財政健全性が急速に悪化し，公的部門のリストラや経済分野における規制緩和が進められた。また，1995年に起こった阪神淡路大震災や2011年に起こった東日本大震災では，行政による支援が十分に届かないなかで義援金やボランティアなどを通じた市民による助け合い活動が浸透し，行政任せでない地域社会づくりの必要性が認識されるようになった。

1 地域社会と行政

　わが国では，古くから講（こう）や結（ゆい）といった地域社会での助け合い活動が自然に行われてきた。講とは頼母子講や無尽講，お伊勢講など，一定の組織や地域社会に所属するメンバーが資金を出し合い，それを受け取る者を競りや抽選などで決めて事業や旅行などの財源に充てる仕組みである。

　また，結とは田植えや稲刈り，合掌屋根の葺き替え等について現在も残って

いるが，多大な労力や費用を要する作業を，地域の住民総出でお互いに助け合う仕組みである。しかし，戦後になると地域社会における相互扶助は，町内会や自治会といった末端の行政機構に置き換えられるとともに，生活保護や公的年金，医療保険，介護保険などの社会保障制度が整備された。

　それに対して，少し意外かもしれないがアメリカでは，地域社会において相互扶助の果たす役割が強いといえる。アメリカは移民たちの開拓によって形成された国家であり，1600年代には宗教的弾圧を嫌ったプロテスタント，1800年代にはジャガイモ飢饉におけるアイルランド人や迫害を逃れてきたユダヤ人など，国家権力の保護を受けられなかった人びとが多くやってきた。

　そのため，現在でも政府による介入をあまり好まず，小さな政府を指向する傾向があり，限られた公的医療保険や自衛意識が強い社会などにもその影響をみることができる。そして，公的部門によるセーフティーネットはあまり充実していないが，富裕層や個人，企業などによる寄付や慈善活動が広く社会に浸透するとともに，100万を超えるNPO（非営利組織）が福祉・医療・教育などの活動を通じて地域社会を支えている。

　その一方で，イギリスではもともと教会等による慈善活動が活発であったが，「ゆりかごから墓場まで」という言葉に表れているように，第二次世界大戦後は国民保健サービス（NHS）や失業保険，老齢年金などの社会保障制度が充実された。しかし，1960年代頃になると社会保障費の増大，国民の勤労意欲の低下，国有企業等の国際競争力の低下など，英国病ともいわれる経済停滞に悩まされるようになって地域社会も疲弊した。

　そこで，1980〜1990年代の保守党政権（サッチャー首相およびメージャー首相）では，公共経営に市場主義の考え方を導入するNPM（ニュー・パブリック・マネジメント）が推進されて，VFM（Value for Money）の考え方にもとづいた強制競争入札を導入するとともに，国営企業（石油・電話・ガス・空港・電力・水道・鉄道など）の民営化や公共サービスの民間委託が進められた。また，1992年には民間資金を利用して，公共施設等を整備するPFI（Private Finance Initiative）が導入された。

　しかし，このようなNPMは過度な価格競争を誘発するとともに，大資本や国際資本への依存を招き，地域社会の活力を損なっているという批判が起こっ

た。そこで，1997年からの労働党政権（ブレア首相）では，3E（経済性・効率性・有効性）の観点から価格以外の要素も含んだ経済的価値を最大化するベスト・バリューの考え方を導入した。

そして，継続的な業務改善を図る地方自治体の業績評価システムを導入するとともに，官民が連携して公共サービスを提供するPPP（Public Private Partnership）を推進する姿勢が示された。さらに，2013年には保守党・自由民主党の連立政権（キャメロン首相）のもとで公共サービス（社会的価値）法が施行され，公共調達において多様な社会的価値を考慮することが求められるようになり，地域社会との対話や協働がより重視されるようになっている。

2 官民連携（PPP）とは

PPPは官民連携，官民協働，官民パートナーシップなど，状況に応じて様々によばれているが，行政の直営業務を民間委託する，公共事業に民間資金を導入する，公的部門の独立行政法人化や民営化を推進するなど，幅広い考え方が含まれている。近年，官民連携が注目されている背景として，少子高齢化や労働人口の減少といった社会構造の変化，公共サービスに対する市民ニーズの多様化に対応するために，市場を活用しながら民間ができることは民間に任せるという政府の方針転換がある。

わが国の公的部門を取り巻く官から民へという潮流は，総合規制改革会議が小泉内閣発足後の2001年4月に設置され，経済社会における構造改革を進めるために，規制のあり方に関する総合的な調査審議がなされたことにより促進された。そして，2004年4月には規制改革・民間開放推進会議が内閣府に設置され，「規制改革・民間開放推進のための基本方針」が策定されている。さらに，2006年5月には「競争の導入による公共サービスの改革に関する法律案」（いわゆる市場化テスト法）が成立するなど行政改革への取組みが加速された。

ただし，この当時の官民連携は，公共施設等の維持管理（PFIや指定管理など），公共サービスの民営化や民間委託，広報媒体への広告掲載や施設命名権（ネーミングライツ）の導入など，民間のノウハウを活用しながら業務効率化

と財源拡大を図ることによって，財政健全化を推進することに主眼が置かれていた。しかし，少子高齢化，財政基盤の脆弱化，社会インフラの老朽化，地球温暖化といった社会的課題がますます複雑化する状況下で，近年では横浜市のように「様々な主体と行政との対話により連携を進め，相互の知恵とノウハウを結集して新たな価値を創出する」という官民共創や価値創造の考え方も提示されている。

また，1995年の阪神淡路大震災を契機として，1998年に**特定非営利活動促進法（いわゆるNPO法）**が施行されたことにより，民間における公益活動が活発化して行政との協働が進んだ。それ以前から，**公益法人や社会福祉法人，学校法人**など様々な非営利法人制度が存在しているが，これらの法人を設立するには監督官庁による許認可が必要とされていたため，民間が自由に公益活動に取り組む法人を設立することは容易ではなかった。

しかし，**NPO法人**の場合は認証制度にもとづいて，一定の基準に適合する場合には法人化が認められることとなっており，現在までに5万件を超えるNPO法人が設立されて活動を行っている。なお，2008年には公益法人についても制度改革が行われて，一定の基準を満たす場合には公益認定が受けられるようになっている。

3 │ 官民連携の仕組み

国土交通省（2014, p.72）によれば，官民連携は「公共サービスの提供において何らかの形で民間が参画する方法を幅広く捉えた概念で，民間の資金やノウハウを活用し，公共施設等の整備等の効率化や公共サービスの水準の向上を目指す手法」とされている。わが国でも特に近年，公共施設等の維持管理において民間活用が進められており，その主な手法には**図表13-1**に示すようにPFI方式，指定管理者制度，包括的民間委託などがある。

図表13-1 公共施設等の維持管理に関するPPP

手　法		概　要	根拠法令	施設所有	資金調達	導入分野
PFI方式		公共施設等の建設，維持管理，運営等を民間の資金，経営能力及び技術的能力を活用して行う方式	PFI法 (1999年)	行政 民間	民間	公営住宅 庁舎等
	コンセッション方式	利用料金の徴収を行う公共施設について，公共施設の所有権を公共主体が有したまま，施設の運営権を民間事業者に設定する方式	PFI法改正 (2011年)	行政	民間	空港 道路 下水道等
指定管理者制度		公の施設の管理・運営を指定管理者（地方公共団体が指定する法人）が代行する制度（法改正により，公の施設の管理主体が民間事業者，NPO法人等に広く開放された）	地方自治法改正 (2003年)	行政	行政	公園 港湾等
包括的民間委託		公共施設等の管理運営業務について，詳細な業務運営を定めず，性能発注方式によって一連の業務を民間企業に委ねることで，民間の創意工夫を活かした効率的なサービス提供を行う	－	行政	行政	下水道等

出所：国土交通省（2014，p.72）

① PFI方式

　PFIは，公共施設等の建設に関する資金調達を公的部門ではなく民間側が負担するとともに，民間が施設の維持管理や運営等を行ってサービス料金を受け取ることにより，効率的かつ効果的に社会インフラを整備・運営する手法である。

　1992年にイギリスで道路建設などに導入されたのが最初であり，わが国でも1999年にPFI法（民間資金等の活用による公共施設等の整備等の促進に関する法律）が制定されている。PFIでは，民間企業が公共施設等の建設から運営にいたるまでの一体的な維持管理を行うため，民間による創意工夫を生かすことが期待されている。

　PFIは事業費の回収方法（サービス購入型，独立採算型，混合型）や，施設の所有形態（BTO方式（Build-Transfer-Operate），BOT方式（Build-Operate-Transfer），BOO方式（Build-Own-Operate），RO方式（Rehabilitate-Operate））の違いによって，官民の役割分担あるいはリスク負担に様々な違いが生じる。

そのため，PFIを導入するには民に遂行能力があるとともに，VFMの観点から官が実施するコストと民が実施するコストを，比較できるような事業スキームに適用される必要がある。なお，VFMは投入資金当たりの経済的価値が最も高くなる事業方式を選択するという考え方であり，公的部門が公共事業の実施方法を選択する際の基準とされている。

さらに，2011年には公共施設等の所有権を公的部門が保有したまま，施設の運営権を民間事業者に設定する公共施設等運営権制度（いわゆるコンセッション方式）が導入された。通常，PFI事業者は数十年間にわたって公共施設等の管理運営を行い，運営権の対価を行政に支払い続ける代わりに，その間の収益事業（利用料金等）や，開発事業・設備投資・事業運営などで獲得された資金によって投下資本を回収する。

従来のPFIでは，行政がPFI事業者に建設および維持管理の報酬を支払うサービス購入型が大半であったが，コンセッション方式では公共施設等の利用者が事業者に報酬を直接支払う独立採算型が採用されている。そのため，行政はPFI事業者に運営権を譲渡することによって，短期間で債務返済（地方債の償還）が可能になるとともに，施設を保有し続けながら民に運営を任せて収入を得ることができる。

また，コンセッション方式は新規の施設だけでなく，すでに整備が済んだ運営中の公共施設等に対しても適用することができる。そのため，2015年には但馬空港，2016年には関西国際空港など，多数の空港運営に導入されており，近年では上下水道事業に適用する可能性についても関心が高まっている。

② 指定管理者制度

指定管理者制度は，民間企業や非営利組織などが公の施設（公民館や図書館など地方自治体が住民の利用に供する目的で設置する施設）を維持管理できるようにした仕組みである。

公の施設は従来，行政が直接管理するか，行政が出資する法人や行政が監督する公共的団体のみに管理をすることが認められていたが，2003年の地方自治法改正によりこの業務が民間に開放され，株式会社やNPOなども参入することが可能になった。具体的には，TSUTAYAを運営するカルチュア・コンビ

ニエンス・クラブが公共図書館を，コナミスポーツクラブが体育館を，ベネッセグループが公立保育園を運営するといったことが行われている。

　指定管理者制度では，地方自治体と民間事業者が協定を結んで役割と責任を分担し，民間に裁量を与えることによって，創意工夫による合理化とサービス向上を実現することが図られている。実際に，官が運営するよりも施設の利用率や利用者の満足度が向上するなど，指定管理者を導入した効果が顕著に現れている事例も生じている。

　しかし，その反面では行き過ぎたコスト削減が行われたり，2〜5年ごとに指定管理者の選定が行われるため，公共施設等の運営に関して十分なノウハウをもたない管理者が選定される，本来の目的に沿わない運営が行われる，雇用者の非正規化が進んで専門能力が蓄積されない，事故や火災等が発生したときの責任関係があいまいになる，といったりした問題が生じる危険性もある。

③　包括的民間委託

　包括的民間委託は，個別業務ごとに単年度で委託するのではなく，業務を一括して複数年度で性能発注する（要求される水準を定めたうえでそれを達成するための業務内容については受注者に委ねる）方法である。これまでは主に，下水処理場に活用されてきたが，近年では道路や水道の維持管理などにも包括的民間委託を活用しようとする動きが現れている。

　国土交通省（2014, p.79）によれば，官の委託事務量が軽減されることによって人件費を削減できるほか，性能発注によって民間の創意工夫が発揮され，委託事業費が低減されるという利点がある。さらに，受託者である民間事業者にとっても複数業務を一括受注することにより，スケールメリットが生じて利益を出しやすいことや，複数年契約により業務量の見通しが立てられるため，人材確保や設備投資がしやすくなるという特徴が示されている。

　さらに，近年では公共施設等の維持管理といったハード事業だけでなく，官民競争入札（市場化テスト）や一般的な業務委託契約により，社会福祉や就労支援，防災，教育などのソフト事業についても幅広く民間委託が行われるようになっている。

　市場化テストは，官と民が対等な立場（イコール・フッティング）のもとで
競争入札に参加し，質と価格の両面で最も優れた者が，そのサービスの提供を
担う仕組みである。これまでに市場化テストにより，ハローワーク関連業務や
登記関連業務，国民年金保険料収納業務などの入札が行われた。

　ただし，イギリスにおける強制競争入札では，民側が落札した場合にはイ
コール・フッティングな条件のもとで，従来の雇用条件を維持しながら公務員
が民間に移籍することになる。それに対して，わが国では身分保障によって公
務員が民間に移籍させられることはないため，市場化テストが公的部門の効率
化にあまり結びつかない可能性がある。さらに，官民間のコスト比較における
イコール・フッティングが十分に考慮されていないため，民側が落札する際に
従業員の給与水準が著しく引き下げられてしまうといった懸念がある。

　また，複雑化する公共サービスへのニーズに対応するために，営利企業だけ
でなくNPO等の非営利組織にも，多種多様な事業活動が業務委託契約などに
よって民間委託されている。特に最近では，行政が補助金を支給することに対
して住民から疑問の声が上がることもあり，非常に限られた一部の活動分野に
しか補助金が与えられず，行政からの委託事業などがNPO等にとって重要な
資金源になっているという状況もある。

4 ｜ 市民参加の促進

　近年，行政の政策や施策に対する市民の関心が高まっており，市民自身が地
方自治体の政策決定に参画する動きも活発になっている。このような政策形成
過程への市民参加としては，住民投票や住民監査請求といった法制度にもとづ
くもののほか，自治基本条例やまちづくり条例の策定への参加，世論調査・公
聴会・各種審議会への出席など様々な形態がある。

　これらの市民参加は，多様化する行政ニーズに対応するために，合意形成や
利害調整を円滑に進めたいという行政側の働きかけによって促進されている状
況もある。このように「住民等と行政が相互の立場や特性を認識・尊重しなが
ら，共通の目的を達成するために協力して活動する」ことは市民協働ともよば

れている（総務省 2005）。

　また，市民参加には行政と協働するだけでなく，自治会や町内会などの地域コミュニティへの参加や，地域課題に取り組むNPO等での活動など，市民の自発的な意思によって行われる公共的な活動も含まれている。行政が提供する公共サービスは予算の枠組みでしか動けないため，一度決定されると硬直的になりやすく，きめの細かい対応を機動的にとることが難しい場合もある。しかし，地域が抱える課題は様々であり，これを適時かつ弾力的に解決するためには，行政側の対応を待っていては遅くなってしまうことも少なくない。

　そこで，最近では営利・非営利の形態を問わず，地域の課題解決にビジネスの手法を導入し，コミュニティビジネスやソーシャルビジネスとして取り組む社会的企業も登場している。また，神戸市のように行政がNPO活動への参加と協力を促す条例（神戸市民による地域活動の推進に関する条例）を制定したり，ふるさと納税をNPO等への指定寄付に充てたりするなど，行政がNPOの活動を間接的に支援するような動きも各地でみられている。

5 ｜ NPOと行政の協働

　NPOとは非営利組織（non-profit organization）のことであり，広義には法人格の有無を問わず，利益分配を行わない団体を意味する。

　したがって，一般的には非営利により社会貢献活動や慈善活動を行う市民団体を指すが，ここでいう非営利とは，活動によって得た利益を構成員（メンバー）である社員や役員などに分配することを目的にしないという意味であり，必ずしも収益獲得が禁止されているわけではない。むしろ組織として活動を継続するには財源が必要であり，その資金を寄付や会費ですべてまかなうことは困難であるため，行政からの委託事業や介護保険事業といった収益が得られる事業活動を行っている団体が多い。

　NPOのなかでも，特定非営利活動促進法の規定に従って設立された法人のことを特定非営利活動法人（いわゆるNPO法人）という。近年では，公共施設の維持管理などのハード事業だけでなく，福祉や教育，子育て，防災活動な

ど，様々なソフト事業が行政から民間に委託されるようになっており，このような委託事業がNPO法人の大きな収入源になっている。

　また，NPO法人の6割近くが保健，医療または福祉の活動を行っているが，これらの団体の多くが介護保険制度や障害者総合支援法によるサービス報酬の支払いを受けている。ただし，株主の利益を阻害するような赤字事業を行うことが制限される株式会社とは異なり，NPOは特定の事業で得た余剰資金を赤字事業に充当することができる。そのため，介護報酬などによって得た利益を地域の助け合い活動や交流事業に用いることにより，地域社会におけるつながりやネットワークを構築するといった取組みが可能となる。

　なお，よく誤解されるところであるが，必ずしもNPO法人は行政の補助金や一般からの寄付を受けているというわけではなく，NPO法人は収入の大きな部分を介護報酬や行政委託事業などの事業収益から得ている。その一因としては，海外のNPOとは異なり，わが国のNPOは法人税の減免や寄付者への税制優遇がほとんど認められていないという事情がある。100万を超えるNPOが税制優遇を受けているアメリカとは異なり，わが国において税制優遇を受けられるのは5万を超えるNPO法人のうち，1千団体を少し超えるほどの認定NPO法人のみとなっている。

Column　認定NPO法人制度

　認定NPO法人制度は，一定の要件を満たすNPO法人が行政から認定を受けることにより，寄付者に対して所得控除や税額控除などの税制優遇が認められる仕組みであり，2021年5月末現在で1,205団体がこの認定を受けている。

　認定NPO法人になるためには，総収入に占める寄付金の割合が20%以上である，あるいは年間3,000円以上の寄付者が100人以上であるといったパブリック・サポート・テスト（PST）をクリアするとともに，組織運営や経理が適切である，情報公開を適切に行っているといった要件を満たすことが求められている。

　もともとNPO法人は，監督官庁からの影響を強く受けていた従来の非営利法人制度に対して，より自由に設立して民間の自主的な運営を尊重し，情報開示を通じて市民自身が監視するという趣旨で設けられた法人制度である。したがって，一般には誤解を受けやすいが，行政がNPO法人に対して包括的な指導監督権を有しているわけではなく，法令違反等が生じる恐れがある場合に限って報

告を求めたり，改善命令や認証取消などの措置を講じたりする権限をもっているにすぎない。

　その一方で，税制優遇を受ける団体は，通常のNPO法人における管理運営よりも高い透明性が確保される必要がある。そのため，一定の基準を設けて行政からの審査を受けることにより，寄付者等に対する税制優遇が認められる認定NPO法人制度が2001年に導入された。

　この制度は数度にわたる改正を重ね，現在では認定NPO法人への寄付者に対して，国税と地方税をあわせて寄付金額の最大50％ほどが税額から控除されるなど，国際的にみても手厚い優遇措置が設けられている。しかし，NPO法人全体のわずか2％弱しか認定を受けられず，公益目的事業に対する法人税の減免も認められないなど，諸外国と比較して市民活動を支援する仕組が非常に弱い部分もある。

〈参考文献〉
穐山守夫（2010）「新自由主義的行政改革」『千葉商大論叢』47（2），pp.185-250。
兼村高文（2019）「公共経営（NPM）による地方行革の四半世紀を振り返る―日英比較をとおして」『地方財政レポート2018 経済・財政・社会保障のこれまでとこれから』地方自治総合研究所，pp.75-86。
国土交通省（2014）「国土交通白書2014」。
総務省（2005）「『住民等と行政との協働』に関する調査（最終報告）」。
横浜市（2009）「共創推進の指針―共創による新たな公共づくりに向けて」。

索　引

【著者紹介】

馬場 英朗／BABA Hideaki

関西大学商学部教授，公認会計士，大阪大学博士（国際公共政策）
監査法人トーマツ名古屋事務所に勤務した後，愛知学泉大学を経て関西大学に着任。2016年4月より現職。内閣府「共助社会づくり懇談会社会的インパクト評価検討ワーキング・グループ」構成員などを務める。著書に『基礎からわかるNPO会計』合同出版，『非営利組織のソーシャル・アカウンティング』日本評論社（日本NPO学会林雄二郎賞，国際公会計学会（図書部門）学会賞），『入門 公会計のしくみ』中央経済社など。

大川 裕介／OKAWA Yusuke

ノースアジア大学経済学部講師，公認会計士
大阪府庁において，予算編成業務や決算統計・財務書類作成業務，地方公営企業や第三セクターなどの管理業務に従事した後，公認会計士試験に合格して有限責任監査法人トーマツ大阪事務所に入所。その後，大川裕介公認会計士事務所を開設するとともに，関西大学大学院商学研究科博士課程後期課程において公会計に係る研究活動を行う。2021年5月より現職。

横田 慎一／YOKOTA Shinichi

横田慎一公認会計士事務所・税理士事務所 所長，一般社団法人行政経営支援機構 理事長，公認会計士，地方監査会計技能士，英国勅許公共財務会計士，認定ファシリティマネジャー。有限責任監査法人トーマツ大阪事務所在職時より地方公会計制度の導入活用や公共施設等マネジメント，地方公営企業会計，行政評価制度などに係る支援等の業務に多数従事。総務省「地方公共団体の経営・財務マネジメント強化事業」アドバイザー，日本公認会計士協会公会計委員会「地方公会計・監査検討専門委員会」専門委員，八尾市監査専門委員などを務める。

公会計と公共マネジメント

2021年10月1日　第1版第1刷発行

	馬 場 英 朗
著 者	大 川 裕 介
	横 田 慎 一
発行者	山 本 継
発行所	㈱中 央 経 済 社
発売元	㈱中央経済グループ パ ブ リ ッ シ ン グ

〒101-0051　東京都千代田区神田神保町1-31-2
電話　03 (3293) 3371 (編集代表)
　　　03 (3293) 3381 (営業代表)
https://www.chuokeizai.co.jp

印刷／文 唱 堂 印 刷 ㈱
製本／侑 井 上 製 本 所

© 2021
Printed in Japan

＊頁の「欠落」や「順序違い」などがありましたらお取り替えいたし
ますので発売元までご送付ください。(送料小社負担)
ISBN978-4-502-39821-6　C3034